유튜브 마케팅의 정석

유튜브 마케팅의 정석

초판 1쇄 발행 · 2020년 6월 30일
초판 2쇄 발행 · 2020년 8월 24일

지은이 · 김범휴
발행인 · 이종원
발행처 · (주)도서출판 길벗
브랜드 · 더퀘스트
주소 · 서울시 마포구 월드컵로 10길 56(서교동)
대표전화 · 02)332-0931 | **팩스** · 02)322-0586
출판사 등록일 · 1990년 12월 24일
홈페이지 · www.gilbut.co.kr | **이메일** · gilbut@gilbut.co.kr

기획 및 편집 · 송은경(eun3850@gilbut.co.kr), 김세원, 유예진 | **제작** · 이준호, 손일순, 이진혁
영업마케팅 · 정경원, 최명주, 전예진 | **웹마케팅** · 이정, 김선영 | **영업관리** · 김명자 | **독자지원** · 송혜란

본문디자인 · aleph design | **교정교열** · 최진
CTP 출력 및 인쇄 · 예림인쇄 | **제본** · 예림바인딩

- 더퀘스트는 ㈜도서출판 길벗의 인문교양 · 비즈니스 단행본 브랜드입니다.
- 이 책은 저작권법에 따라 보호받는 저작물이므로 무단전재와 무단복제를 금합니다. 이 책의 전부 또는 일부를 이용하려면
  반드시 사전에 저작권자와 (주)도서출판 길벗(더퀘스트)의 서면 동의를 받아야 합니다.
- 잘못 만든 책은 구입한 서점에서 바꿔 드립니다.

© 김범휴, 2020

ISBN 979-11-6521-194-3 03320
(길벗 도서번호 090155)

정가 15,500원

독자의 1초를 아껴주는 정성 길벗출판사

길벗 | IT실용서, IT/일반 수험서, IT전문서, 경제실용서, 취미실용서, 건강실용서, 자녀교육서
더퀘스트 | 인문교양서, 비즈니스서
길벗이지톡 | 어학단행본, 어학수험서
길벗스쿨 | 국어학습서, 수학학습서, 유아학습서, 어학학습서, 어린이교양서, 교과서

이 도서의 국립중앙도서관 출판예정도서목록(CIP)은 서지정보유통지원시스템 홈페이지(http://seoji.nl.go.kr)와 국가자료공동목록시스템(http://www.nl.go.kr/kolisnet)에서 이용하실 수 있습니다. (CIP제어번호: CIP2020023927)

구글 유튜브를 거쳐 샌드박스까지
김범휴 CBO가 알려주는 궁극의 브랜딩 전략

유튜브 마케팅의 정석

김범휴 지음

더퀘스트

변화의 최전선에 선
마케터들에게

2011년, 구글 면접을 볼 때의 이야기다. 보통 면접이 그렇듯, 면접 말미에 면접관이 회사에 대해 궁금한 점이 있느냐고 물었다. 그때 나는 이렇게 질문했다.

"구글에서 일하면 뭐가 가장 좋은가요?"

면접관은 잠시 고민을 하더니 이렇게 대답했다.

"태풍의 눈에 있는 느낌이에요."

변화를 흔히 파도나 바람에 비유하는데, 그는 구글에서 체감하는 변화의 속도와 크기가 태풍에 비견된다며 구글에서 일하는 것이 태풍같이 커다란 변화의 중심에 있는 느낌이라고 했다. 그것이 늘

짜릿하고 설렌다고 말이다. 그 말이 나는 상당히 인상적이었다. 누구보다 새로운 것을 가장 먼저 세상에 내놓고 사람들의 열광적인 호응을 끌어내는 것은 비즈니스에 있어 가장 극적인 성과다. 그것이야말로 변화의 중심에 있는, 변화를 선도하는 사람만이 가질 수 있는 특권이다. 그런 맥락에서 공감했던 나 역시 구글 입사 후 비슷한 말을 하고 다녔다.

'늘 변화의 중심에 있다.'

지금 변화의 중심, 사람들이 가장 많이 모이는 곳은 어디일까. 바로 유튜브다. 전 세계 77억 인구 중 20억 넘는 사람이 이곳에 모인다. 그것도 하루 30분 이상 머무른다. 이곳이 태풍의 눈이다. 유튜브는 전통 미디어에서 볼 수 없는 새롭고 기발한 콘텐츠로 계속해서 시청자를 유입시킨다.

마케터는 늘 변화를 주시하고 트렌드를 파악해 사람들이 모이는 곳을 찾는다. 별의별 사람들이 모여 있고 무궁무진한 콘텐츠 생산이 가능한 유튜브 시장은 마케터의 아이디어와 기획력을 펼칠 수 있는 최고의 장이다. 게다가 잠재적 소비자와 친근한 관계를 형성하고 있는 유튜브 크리에이터는 마케팅 메시지를 거부감 없이 전달하고, 브랜드의 호감도를 높여줄 수 있는 최고의 메신저다. 그래서 새로운 툴과 기회를 찾고자 하는 마케터라면 지금 모두 유튜브에 주목한다.

마케터는 유튜브를
어떻게 활용해야 하는가

《유튜브 마케팅의 정석》은 유튜브와 크리에이터를 중심으로 한 메가 트렌드를 마케팅에 접목하고 싶은 사람들을 위한 책이다. 왜 지금 유튜브라는 미디어와 새로운 인플루언서인 크리에이터에 주목해야 하는지에 관한 분석뿐 아니라, 마케터가 유튜브를 어떻게 활용하고 크리에이터들과는 어떻게 협업해야 하는지 실재적인 지침을 담고 있다.

물론 유튜브와 크리에이터에 대한 관심이 높아지면서 그에 관한 책과 강의 역시 쏟아지고 있다. 하지만 정작 마케팅 기법으로써 유튜브를 어떻게 활용해야 하는지, 크리에이터와 어떻게 협업해야 하는지를 다룬 책과 강의는 찾아보기 힘들다. 특히 크리에이터와의 협업으로 진행하는 마케팅은 몇 년 전부터 꽤 많이 이루어지고 있었지만 이와 관련된 논의가 많이 부족한 실정이다. 실제 다양한 마케팅 기법이 시도되기는 하는데, 조회 수나 구매율 전환 등에 있어 만족스러운 수준의 결과를 내지 못하는 일이 많다. 여러 상황과 변수에 따라 효과에서도 차이가 매우 크게 나타난다.

왜 그럴까? 이유는 간단하다. 생각보다 복잡하고 어렵기 때문이다. 크리에이터가 너무 많고, 크리에이터마다 생산해내는 영상의 성격도 너무 다르며, 시청자의 성향도 다르다. 또 크리에이터는 전문 광고인이 아니기 때문에 자신의 영상 안에 마케팅 메시지를 녹인다고 해도 전문 마케터의 눈에는 그것이 어설프고 이상하게 보일 수 있다. 유튜브만의 미디어적 특성도 잘 알아야 하고 크리에이터와 시청자의 관계도 알아야 하며 어떤 콘텐츠가 광고이면서도 광고 같지 않고 즐길 수 있는 영상인지에 대한 감도 있어야 한다. 유튜브와 크리에이터를 활용한 마케팅은 누구나 시도해볼 수는 있지만, 제대로 알고 하기는 어려운 마케팅 기법이다.

알아두면 쓸모 있는
유튜브와 크리에이터의 발전 과정

마케팅 관점에서 유튜브라는 플랫폼이 처음부터 매력적인 곳은 아니었다. 적어도 내가 구글에 들어가 광고 영업을 할 때는 그랬다. 유튜브에서 진행하는 마케팅에 대해 구구절절 설명을 하고 다녀야 했다. 본격적으로 유튜브 인플루언서 마케팅에 관해 이야기하기 전에 내 경험을 토대로 유튜브라는 미디어가 마케팅 관점에서 어떻게 발전해왔고, 크리에이터들의 영향력은 어떻게 확대되어왔는지 잠시 살펴보도록 하겠다.

내가 구글에서 일한 첫해인 2012년은 싸이의 〈강남 스타일〉이 전 세계를 강타한 해였다. 이때를 기점으로 유튜브를 바라보는 마케터들의 시선이 점차 바뀌기 시작했다. 유튜브 조회 수가 바이럴(인기)의 기준이 될 수 있음을 인지하게 된 것이다. 그리고 비슷한 시기에 처음으로 '트루뷰Trueview'라고 하는 '건너뛰기'가 가능한 동영상 광고 상품이 생기면서 마케팅 툴로 유튜브가 활용되기 시작했다. 이때 나는 구글에서 광고 영업을 담당하고 있었는데 광고주들과 만날 때마다 '광고비를 냈는데 왜 소비자가 광고를 건너뛸 수 있게 만들어놓았느냐'는 질문을 수차례 받았던 기억이 난다. 그러면 나는 '건너뛰지 않고 30초 이상 광고를 볼 때만 돈을 내시면 됩니다'라고 늘 설명해야 했다. '사람들이 건너뛰지 않고 광고를 보면 조회 수에 합산이 됩니다', '영상을 재미있게 잘 만드시면 광고 영상이라도 조회 수 100만을 기록할 수 있습니다'라고도 늘 덧붙였다.

그 후 3년이 지난 2015년 3월, 나는 유튜브 파트너십이라는 팀으로 옮기게 되었다. 주 업무는 유튜브 '크리에이터'를 육성하는 일이었다. 당시엔 크리에이터라는 직업 자체가 생소했고, '개인도 유튜브에 영상을 올리고 광고 수익을 받을 수 있어요'라고 하면 많이들 신기해했다. 지금은 구독자 수가 200만, 300만을 훌쩍 넘지만, 당시 분야별 톱 크리에이터들의 구독자 수가 20만, 30만 정도였을 만큼 규모도 작았고 영향력도 지금처럼 크지 않았다.

그러나 유튜브라는 플랫폼과 크리에이터가 사업적으로 크게 성장할 것임을 많은 사람들이 예견하던 시점이었다. 실제로 여러 크리에이터 채널을 모아서 관리하고 사업화하는 유튜브 크리에이터 소속사, 일명 MCN^{Multi-Channel Network}이 2015년에 등장했다. CJ가 2013년부터 '크리에이터 그룹^{Creator Group}'이라는 이름으로 일찌감치 MCN 사업을 시작했는데, 그 사업부명을 'DIA TV'로 바꾸고 본격적으로 사업화한 해가 2015년이었다. 3년간 뷰티 크리에이터 아카데미 사업을 해오던 '레페리^{Leferi}'가 본격 MCN 사업으로 전략 변경을 한 것도 2015년 1월이었다. 2014년 10월, 사업자등록을 하며 국내에서 두 번째로 MCN 사업을 시작한 '비디오빌리지'가 본격적으로 행보에 나선 것도 2015년이었다. 또 크리에이터 그룹에 속했던 도티, 양띵 등의 크리에이터가 CJ를 나와 각각 사업을 시작한 것도 같은 해였다. 그 회사들은 각각 '샌드박스네트워크'(이하 샌드박스)와 '트레져헌터'의 설립 기반이 되었다.

크리에이터 소속사는 아니지만 '72초 TV', '딩고' 브랜드로 사업을 하던 '메이크어스'와 같은 디지털 기반 스튜디오 역시 2015년에 크게 주목받았다. KBS가 TV 방송국 중에서는 처음으로 '예띠'라는 이름의 디지털 스튜디오를 개국하여 크리에이터와의 접점을 가져가기 위한 시도를 했던 해도 2015년이었다. 이처럼 2015년은 유튜브와 크리에이터가 새로운 산업으로 주목을 받은, 국내 유튜브 크리에이터 역사에 있어 큰 의미가 있던 해였다.

그해 7월, 미국 LA에서 열리는 세계 최대 온라인 비디오 축제인 비드콘Vidcon에 처음으로 출장을 가게 되었던 일이 생각난다. 그때 LA 공항에서 DIA TV, 샌드박스, 트레져헌터에서 오신 분들과 한자리에서 마주쳤다. 누가 오는지도 몰랐고 사전에 어떤 이야기도 나누지 않았는데, 모두 약속이라도 한듯 만난 것이 너무도 신기해서 그때 기념사진을 찍었다. 그 정도로 국내 유튜브 크리에이터에 관한 사업적 관심이 고조되던 때였다.

그래서일까. 비드콘을 경험한 이후, 샌드박스 이필성 대표, 트레져헌터의 송재룡 대표와 함께 '비드콘으로 바라본 MCN의 오늘과 내일'이라는 주제로 대담을 진행했고, 그후에도 계속 국내 크리에

가운데 아래가 필자. DIA TV, 트레져헌터, 샌드박스 분들과 함께

이터 산업에 대한 논의가 활발히 일어났다. 물론 당시에는 MCN이 무엇이고 앞으로 무엇을 해야 하는지에 대해서 저마다 진단과 의견이 분분했다. 하지만 온라인 비디오 시장은 폭발적으로 성장할 것이고, 크리에이터의 수와 그 영향력이 커질 것이라는 데에는 이견이 없었다.

그 후 다시 3년이 지나고 한국 사람들이 가장 오래 사용하는 앱으로 유튜브가 선정됐던 2018년 4월, 나는 유튜브를 떠나 샌드박스로 이직했다. 온라인 비디오 시장은 점점 더 크리에이터 중심으로 움직이리라 생각했고, 그렇다면 크리에이터 소속사에서 일하는 것

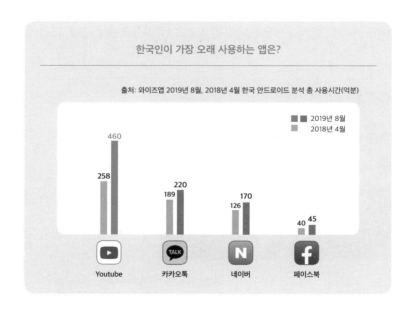

한국인이 가장 오래 사용하는 앱은?

출처: 와이즈앱 2019년 8월, 2018년 4월 한국 안드로이드 분석 총 사용시간(억분)

■ ■ 2019년 8월
■ 2018년 4월

460
258
Youtube

220
189
카카오톡

170
126
네이버

45
40
페이스북

이 트렌드에 올라타 변화와 기회를 주도하는 가장 빠른 길이라 생각했기 때문이다. 이때부터 나는 유튜브와 크리에이터를 '마케팅'과 어떻게 연결할지 본격적으로 고민하기 시작했다.

실제로 2018년은 '유튜브 인플루언서 마케팅'이 활발히 이뤄지기 시작한 해였다. 그전까지는 '인플루언서 마케팅'이라고 하면 대부분 인스타그램에서 유명한 인스타그래머를 활용한 입소문 마케팅을 떠올렸다. 그래서 인플루언서와 브랜드를 연결하는 마케팅 플랫폼 스타트업들 역시 대체로 인스타그램과 블로그 중심의 사업을 하고 있었다. 인스타그램 중심의 인플루언서 마케팅이 블로그 마케팅과 유사한 개념으로 접근이 가능했고, 개별 단가가 높지 않으며, 진행 속도가 빨라 진입 장벽이 낮다는 측면에서 일찌감치 시장이 형성됐기 때문이다.

그러다 과거 심야 시간의 TV 프로그램에 게스트로 섭외되던 유튜브 크리에이터들이 2018년을 기점으로 주요 시간대의 프로그램에 고정 패널로 섭외되기 시작하면서 그들의 영향력이 폭발적으로 상승하게 됐고, 인플루언서 마케팅의 '파트너'로 각광받게 됐다. 대표적인 사례가 JTBC의 〈랜선라이프〉라는 프로그램이다. 크리에이터를 전면에 내세운 이 프로그램이 주요 시간에 편성됐다. 그 외에도 KBS의 〈해피투게더〉, MBC의 〈라디오스타〉, SBS의 〈가로채널〉까지 국내 정상급 크리에이터가 TV 방송에서 연예인 패널과 어깨를 나란히 하는 게스트로 출연하며 이름을 알렸다.

그러면서 유명 브랜드의 광고 모델이 되는 등 광고 시장에서도 크리에이터가 본격적으로 연예인에 준하는 대우를 받게 됐다. 크리에이터의 인지도가 높아지면서 섭외료가 올라갔고, 유튜브 인플루언서 마케팅에 책정하는 광고비도 올라갔다. 그러자 일종의 낙수 효과로 소수의 정상급 크리에이터뿐 아니라 규모는 작지만 유의미한 시청자층을 갖고 있는 일명 '마이크로 인플루언서'까지 광고 시장의 성장에 따른 혜택을 받기 시작했다.

2019년에서 2020년에 걸쳐 유튜브는 명실상부한 국내 대세 플랫폼이 되었다. 마케팅 관점에서도 마찬가지다. 유튜브에서의 마케팅, 크리에이터와의 협업 수요가 꾸준히 증가하고 있다. 점점 사람들이 직접적인 광고를 회피하는 시대에 인플루언서를 통한 간접 마케팅이 더 이상 선택이 아닌 필수가 되어 가고 있기 때문이다.

참고로 최근 유튜브와 크리에이터에 관해 주목해야 할 변화 하나를 추가로 언급하고 싶다. 바로 유튜브에서 콘텐츠를 생산하는 창작자, 즉 크리에이터가 기하급수적으로 증가하고 있다는 것이다. 유튜브 채널 분석 사이트 소셜블레이드social blade에 따르면 2020년 6월 기준 전 세계에 개설된 유튜브 채널이 4,210만 개이고, 이는 전년 대비 약 36퍼센트 증가한 수치라고 한다. 앞으로 통신 및 개인 제작 환경이 나아질 것을 생각하면 앞선 증가 수치는 시작에 불과

하다. 머지않아 유튜브 1억 채널의 시대, 5억 채널의 시대가 올 것이다. 이것은 앞으로 미디어 채널이 극도로 파편화된다는 것을 의미한다. 크리에이터의 증가만큼 다양한 채널과 콘텐츠가 생산되고, 그에 따라 시청자들도 자신의 취향과 니즈에 맞는 채널과 콘텐츠를 더 세밀하게 선택하게 될 것이다. 결과적으로 한 영상으로 100만 뷰, 1,100만 뷰를 기록하는 것이 지금보다 훨씬 어려워질 것이다. 마케터라면 유튜브를 필두로 한 미디어 환경의 변화를 기민하게 포착해 거센 흐름에 올라탈 수 있도록 준비해야 한다.

세계 최고의 동영상 플랫폼 및 MCN 기업에서 내가 배우고 고민한 것들

이 책은 유튜브라는 플랫폼을 활용해 실행할 수 있는 마케팅 기법 중에서 크리에이터와의 협업을 통해 마케팅 메시지를 효과적으로 전하는 유튜브 인플루언서 마케팅을 중점으로 다룬다. 이 마케팅은 크리에이터 채널 영상 중에 제품을 살짝 노출하는 PPL부터 크리에이터에게 기업 바이럴 영상 제작을 의뢰하는 것, 크리에이터가 광고 모델처럼 출연하는 광고를 제작하는 것, 크리에이터가 기업 행사장에서 강연이나 퍼포먼스를 하는 것까지 다양한 형태를 띤다.

이 책은 총 4부로 이루어졌다. 1, 2부가 필수 교양 과목이라면 3, 4부는 전공 과목에 해당하는 셈이다. 구체적으로 1부는 유튜브 인플루언서 마케팅을 잘하기 위해 꼭 필요한 기초 지식으로 유튜브에서 트렌드를 파악하는 방법과 크리에이터에 대한 이야기를 풀어냈다. 2부는 여러 마케팅 기법 중에서도 왜 지금 유튜브 인플루언서 마케팅에 관심을 가져야 하는지에 대한 이야기를 담았다. 요즘 소비자들의 특징과 효과적인 접근법도 자연스럽게 함께 다뤘다. 3부는 효율적인 실행을 위해 마케팅 설계 단계에서 반드시 고려해야 할 것들, 4부는 마케팅 효과를 극대화하기 위해 알아야 할 업무 조언을 담았다.

유튜브 크리에이터와 협업을 하고자 하는 마케터, 광고기획자, 홍보 담당자, 나아가 유튜브와 크리에이터에 대한 기본 이해가 필요한 비즈니스맨을 위한 실용 지침서를 표방하고 있지만, 여기서 주장하고 제안하는 것은 정답이 아닌 여러 해답 중 하나임을 언급하고 싶다. 또 사례 접근의 용이성 차원에서 내가 현재 몸 담고 있는 샌드박스에서 진행한 사례를 중심으로 소개할 수밖에 없었다는 점도 양해를 구한다.

책 본문에서 언급되는 유튜브 사례 영상은 해당 페이지의 여백 부분에 관련 QR코드를 배치해 놓았다. 읽으면서 그때그때 어떤 영상인지 보고 싶은 독자는 본문 중간에 있는 QR코드를 통해 확인할 수 있다.

구글과 샌드박스에서 10여 년간 내가 배우고 고민한 것을 총정리한다는 마음으로 이번 책을 집필했다. 이 책이 유튜브 마케팅을 어디서부터 어떻게 해야 할지 고민 많은 분들에게 조금이라도 도움이 되길 바란다. 그리고 혹시 크리에이터 중에 이 책을 접하게 되는 분이 있다면 자기 채널의 사업적 가치를 높이기 위한 고민에 도움이 되었으면 좋겠다.

일러두기

이 책에서 지칭하는 '유튜브 인플루언서 마케팅'은 유튜브라는 플랫폼에서 크리에이터와의 협업을 통해 기업의 마케팅 메시지를 전하는 마케팅 기법을 말한다. 아주 명확하게 지칭하자면 '유튜브 크리에이터 마케팅'이 맞다. 그러나 '유튜브 크리에이터 마케팅'이라는 용어가 업계에서는 다소 생소하고 읽기에 따라서는 유튜브 크리에이터를 '활용한' 마케팅으로, 유튜브 크리에이터를 '위한' 마케팅으로도 이해될 수 있어 적절치 않아 보였다. 비록 '인플루언서 마케팅'이라고 하면 여전히 인스타그램과 블로그 중심의 마케팅을 떠올리는 사람이 많지만, 비교적 익숙해진 개념에 '유튜브'를 덧붙이는 것이 '유튜브에 기반한 인플루언서 마케팅'을 의미하는 더 직관적인 표현이라 생각하여 이 책에서는 '유튜브 인플루언서 마케팅'라는 용어를 사용하였다.

| 차 례 |

1부 | 완전히 새로운 마케팅 시장이 탄생하다
: 유튜브 트렌드와 크리에이터에 대한 이해

3부 | 폭발적인 입소문은 어떻게 시작되는가

: 유튜브 인플루언서 마케팅 준비편

4부 | 구매율을 끌어올리는 유튜브 마케팅의 성공 노하우

: 유튜브 인플루언서 마케팅 실전편

YouTube

완전히 새로운 마케팅 시장이 탄생하다

: 유튜브 트렌드와 크리에이터에 대한 이해

Marketing

당연한 이야기지만 유튜브 인플루언서 마케팅을 잘 하려면 유튜브라는 매체의 속성과 그 안에서 활동하는 크리에이터에 대한 이해가 필수다. 하지만 하나부터 열까지 다 이해할 수도 없고, 그럴 필요도 없다. 가장 근본적인 질문에 대한 답을 할 수 있으면 된다. 바로 '크리에이터 영상을 왜 보는가?'이다. 좀 더 풀어서 질문하면 '저마다 크고 작은 인기를 얻고 있는 크리에이터의 영상이 어떻게 수많은 시청자를 끌어당기고 있는가'이다. 이에 대한 답을 하기 위해 1부에서는 유튜브 트렌드를 파악하는 방법과, 그 기저의 유튜브를 보게 만드는 시청 감성 및 크리에이터의 제작 동기에 대해 이야기해보겠다.

'요즘 뭐가 제일 잘 나가?'
시작은 인기 영상부터

유튜브 팀에 근무할 당시 '요즘 유튜브 트렌드가 뭐예요?'라는 질문을 자주 받았다. 유튜브에 인기 영상을 확인할 수 있는 영역이 있다는 걸 알면서도, 거기 직원이니까 뭔가 더 알지 않겠냐는 기대감에서 나오는 질문이었다. 고백하건대 유튜브 팀에 소속되어 있을 때도 따로 개별적으로 시간을 들여 노력하지 않으면 빠르게 변하는 콘텐츠 트렌드를 따라가기 어려웠다. 또한 지금 트렌드라고 이야기하는 것들이 오래 가지도 않는다. 자고 일어나면 새로운 크리에이터가 세상을 놀라게 하는 요즘, 6개월 전 이야기를 하고 있으면 이미 뒤처진 사람이 되고 만다. 이 장에서 지금 트렌드가 어떻다는 이야기를 적어봤자 책이 출간될 쯤에는 이미 철 지난 이야기가 될 것이다. 그렇기에 '트렌드가 무엇이다'라는 이야기 대신 내가 '트렌드를 어떻게 파악하는지' 그 방법을 공유하고자 한다.

일주일 이상은 봐야
트렌드가 보인다

유튜브 모바일 앱이 어떻게 구성되어 있는지 대부분은 알고 있을 것이다. 모바일 앱 하단 왼쪽에서 두 번째에 위치한 '탐색 탭'은 현재의 트렌드를 파악하는 가장 쉽고 편한 경로다. 대신 최소 일주일 정도는 봐야 흐름을 읽을 수 있다. 왜냐하면 주 1회 편성되는 인기 채널, 즉 일주일에 영상이 한 개 올라오는 인기 채널의 경우 보통 그다음 날에만 인기 탭에서 볼 수 있기 때문이다. TV도 요일별 인기 프로그램이 다르듯 유튜브도 요일별 인기 채널이 있다는 사실을 먼저 인지해야 한다.

일주일 동안 꾸준히 본다는 것은 일종의 '데일리 루틴'(매일 습관처럼 반복하는 행위)을 만든다는 의미다. 아침에 눈을 떴을 때나 출근길에 유튜브 탐색 탭의 인기 영상 순위를 확인하면 좋다. 습관을 들이지 않으면 하루이틀 보다가 말게 된다. 따라서 같은 시간에 확인하는 습관을 들이거나 일기를 쓰듯이 매일 확인한 내용을 별도로 기록해두는 것도 좋다. 기록이 번거로우면 화면 캡처를 사용해도 무방하다. 오늘이 지나면 오늘 인기 동영상 순위는 다시 확인할 수 없기에 기록을 해두고 흐름을 보는 것도 좋은 공부 방법이다. 네이버의 인기 검색어 순위가 시간 단위로 바뀌는 데 반해 유튜브 인기 동영상 순위는 대체로 하루 동안 큰 변화가 없기에 하루에 한 번만 봐도 충분하다.

한편, 인기 동영상을 확인하다 보면 자연스럽게 알게 되는 사실 하나 있다. 인기 순위가 곧 조회 수 순위는 아니라는 것이다. 단순히 사람들이 많이 봤다고 순위가 오르지 않는다. 외부로 알려지지 않은 수많은 공식, 즉 알고리즘의 영향을 받는다. 예컨대, 영상이 확산되는 범위, 확산되는 속도, 기존 시청자 대비 신규 시청자의 비중, 시청 지속 시간, 댓글 반응 등이다. 정확히 어떤 요소가 어떤 비중으로 반영되는지에 대해서는 유튜브에 근무할 당시에도 알지 못했고, 지금도 알지 못한다. 앞서 언급한 요소들이 중요하지 않을까 추정할 뿐이다. 어쨌든 인기 순위를 살필 때는 조회 수가 비슷해도 어떤 채널은 자주 인기 동영상에 올라가고 어떤 채널은 그렇지 않다는 점, 그래서 조회 수 외에 다른 요소에서 분명 차이가 있음을 염두에 두길 바란다.

검색 필터를
이용한다

유튜브 콘텐츠의 트렌드를 파악하는 데 가장 유용한 도구는 사실 유튜브 안에 있다. 바로 '검색 필터'다. 앞서 탐색 탭을 통해 일반 인기 영상과 게임, 음악, 학습 등 장르별로 인기 영상을 볼 수 있기는 하나, 그 외의 주제(관심사)를 다루는 크리에이터 채널 영상까지 확인하기에는 다소 부족함이 있다. 패션이라는 주제를 다루는 크리에이터 중에 인기 있는 채널을 발견하고 싶지만 인기 급상승 영상 목록에서는 관련 영상을 찾아보기 힘들다는 것이다.

이 경우 활용할 수 있는 것이 검색 필터다. 유튜브 검색창에서 패션이라고 검색한 후에, 모바일에서는 검색창 우측 끝에 있는 버튼을, PC에서는 왼쪽 필터 버튼을 누르면 다음 이미지처럼 검색 필터를 사용할 수 있다. 이는 현재 검색 결과를 여러 기준에 따라 재정렬할 수 있는 기능이다. 여러 패션 관련 영상 중 최신 인기 영상 순으로 훑어보고자 한다면 정렬 기준을 '조회 수'로, 구분을 '동영상'으로, 업로드 날짜를 '이번 주' 또는 '이번 달'로 설정하면 된다.

필터 설정 후 패션 영상을 검색하면 검색 결과 중에 패션만 집중적으로 다루는 채널도 있고, 여러 주제를 다루는 채널 중에 패션 관련 영상이 나타나기도 한다. 상위 조회 수를 기록한 영상의 채널 이

유튜브 검색 필터 화면

▶ 모바일

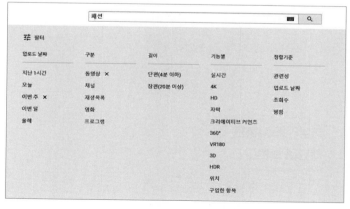

▶ PC

름을 살펴보기만 해도 장르별로 어떤 채널이 현재 인기 있는지 파악할 수 있다. 특히 업로드 날짜를 '이번 달'로 한 후에 반복적으로 노출되는 채널이 있다면 특정 영상 하나가 예외적으로 조회 수가 튄 것이 아니라 꾸준히 많은 조회 수를 얻고 있음을 짐작할 수 있다.

업로드 날짜 필터를 '이번 주' 또는 '이번 달'로 설정하고 검색하는 이유는 업로드 날짜 필터를 '이번 주'나 '이번 달'로 설정하지 않으면 수년 전 업로드된, 누적 조회 수가 많은 영상이 상위에 뜨기 때문이다. 크리에이터와의 협업을 유튜브 채널의 트렌드를 파악하려 할 때는 과거의 인기보다는 현재의 인기, 즉 시의성에 주목해야 하기 때문에 위와 같은 방식으로 필터를 설정해서 채널을 발견하는 것이 좋다. 같은 이유로 유튜브 채널의 구독자 순위를 알려주는 외부 사이트들도 많은데, 그 순위가 누적 구독자 순으로 정렬된 경우가 많으니 이런 사이트를 참고로 현재의 트렌드를 파악할 때 역시 비슷한 지점에서 주의할 필요가 있다.

15분만 투자하면 채널이 보인다

훑어보기에 익숙해졌다면 이제 영상을 몇 개 눌러가면서 그 영상을 제작한 채널에 대해 파악할 차례다. 채널 제작자는 개인 크리에이터일 수도 있고, 방송사와 같은 전문 제작 회사일 수도 있다.

한 채널을 깊이 있게 이해하려면 영상을 10개 이상은 봐야겠지만 공부 목적으로 그렇게 많은 양을 시청하기란 힘든 일이다. 유튜브 인플루언서 마케팅을 하려면 짧은 시간에 많은 수의 크리에이터 채널을 파악하고 검토해야 하기에 요령이 필요하다. 이에 평소 내가 10~15분 정도의 시간을 투자해서 채널을 파악하는 방법을 공유하고자 한다.

유명 유튜브 채널인 '밍꼬발랄'[1]을 예로 들어 설명하겠다. 우선 영상 하나를 눌러서 처음 15초 정도를 보고, 영상 중간쯤을 찍어서 또 15초 정도 보고, 영상 후반을 또 찍어서 15초 남짓 보면, 이 채널이 1인 다역 연기를 하면서 상황 공감형 코미디 영상을 제작하는 채널임을 알 수 있게 된다. 이후 구독자 수가 75만(2020년 5월 기준)이 넘은 것을 확인하고, 영상 설명에서 크리에이터가 적어놓은 문구와 각종 링크 등을 살펴본 후, 더 내려가서 댓글을 20개 정도 훑어본다. 내가 확인한 댓글에는 특정 주제로 영상을 올려 달라는 요청이 많았는데, 이를 보건대 시청자의 시청 만족감과 향후 영상에 대한 기대감이 높다는 것을 파악할 수 있었다. '벌써 구독자가 70만'이라는 댓글에서는 구독자가 최근 빠르게 늘고 있음을 짐작할 수 있었다.

그다음은 동영상 탭을 눌러 최근 업로드한 영상들의 조회 수를 확인해본다. 보통 40만 회를 넘고 많을 때는 100만 회가 넘는 것을 보며, 구독자 수에 비해 조회 수가 많이 나오는 채널이라는 점과 업로드 주기가 거의 매일이라는 점을 확인한다. 그리고 좌측 상단(모바일로 봤을 때) 정렬 기준을 눌러 '인기 동영상' 순으로 영상을 정렬한 후 이 채널에서 가장 조회 수가 많이 나온 1년 전 영상을 처음과 마찬가지로 끊어서 시청한다.

왜 인기가 많았는지 공감이 되었다면 다음 단계로 상단 메뉴 중 오른쪽 끝에 있는 정보 탭을 확인한다. 정보 탭에 별다른 내용을 적지 않은 경우도 있지만 꽤 많은 크리에이터가 이 채널은 어떤 콘텐츠를 다루는지, 자신은 어떤 사람인지 정보 탭에 소개하고 있다. 자신의 소셜 계정 링크나 채널 편성표를 적어두기도 한다. 또 광고와 같은 비즈니스 문의가 있을 때 연락할 수 있는 이메일 주소를 남겨놓는데, 직접 연락하고자 하면 이 이메일로 연락하면 된다.

마지막으로 구독자 수가 몇십만 명 정도 되는 채널이라면 나무위키에서 검색을 해보는 것을 추천한다. 나무위키는 사용자들이 집단 지성으로 만들어가는 온라인 백과사전 사이트 중 하나인데, 콘텐츠 쪽에 특화되어 있으며 특히 유튜브 크리에이터에 대한 정보가 매우 많은 분량으로 집대성되어 있다.

물론 정확하지 않은 정보도 섞여 있지만 대체로 신문 기사나 크리에이터가 스스로 Q&A 영상 등을 통해 직접 밝힌 사실을 토대로

⌄ 2. 상세

[편집]

'대추총각'이라는 이름으로 '대추고'라는 대추 가공 식품을 만드는 1인 제조업자[13]였으나 사업을 접었고[14], 현재 직업은 유튜브 크리에이터, 트위치 파트너 스트리머다.

2016년 6월 14일부터 정식으로 영상을 올리기 시작했고, 한 달 후에 본격적인 주목을 받게 되었다. 바로 그 영상은 "30년 후 블리자드 본사 1"이다. 오버워치가 출시된 후, 결국 6월 14일에 전국 PC방 점유율 1위인 리그 오브 레전드의 점유율을 뛰어넘자 장삐쭈는 이런 상황을 패러디한 이 영상을 업로드 했으며, 절묘한 시간대와 특유의 병맛성이 많은 사람에게 어필해 구독자 수가 급격하게 늘어났으며 메이저급 인지도를 자랑하게 된다. 또한 구독 유도 문구 하나 없이 정확히 활동 50일이 되는 8월 2일에 (동영상 28개) 구독자 10만 명을 달성했다.

컨텐츠는 이렇다. 고전 애니메이션의 소리를 몽땅 날린 후, 거기에 목소리와 효과음[15]을 덧입히는 식으로 영상을 제작하는데, 다른 병맛 영상에 비해 녹음 환경을 비롯한 부수적인 요소들은 크게 떨어지는 편이지만, 한 사람이 낸다고 믿기 힘든 다양한 목소리[16], 알맹이 있는 발성, 기술적인 병맛 드립과 진지한 상황에서 나오는 언어유희, 그리고 적절한 영상 각색이 합쳐져 이 모든 것을 커버하며, 지직거리는 노이즈와 특유의 고색창연한 영상이 시너지를 이루어 컬트적인 인기를 끌고 있다. 또한 영상 다수가 고전 영상들인만큼 더빙도 고전 느낌이 나는 것이 특징이다.[17]

출처: 나무위키 장삐쭈

하고 있어 참고 자료로는 충분하다. 특히 이 크리에이터가 왜 인기를 얻게 되었는지 또는 왜 비난을 받고 있는지 궁금할 때, 그 계기가 되는 사건 또는 영상을 상세히 정리한 경우가 많아 유용하다. 진실은 아니라 해도 적어도 많은 사람들이 무엇을 진실로 생각하는지 파악할 수 있다는 뜻이다.

이렇게 한 크리에이터 채널에 대해 나무위키 페이지까지 훑어보는 데 15분이면 충분하다. 10명 이상의 크리에이터와 협업하는 경우라면 이 정도의 시간을 들여 채널 하나하나를 보는 것이 부담될 수 있겠지만 최소한 주요한 크리에이터는 이 이상의 시간을 들여가며 살펴보길 권한다.

검색 트렌드로
더 큰 흐름을 파악한다

인기 동영상 목록이 트렌드의 단면을 보는 데 유용하다면, 트렌드의 흐름을 파악하는 데는 구글 트렌드trends.google.com만한 것이 없다. 구글 트렌드는 구글에서 제공하는 트렌드 분석 도구로서 구글 검색, 구글 이미지 검색, 구글 쇼핑 검색, 뉴스 검색, 유튜브 검색 등을 이용하는 사람들이 실제로 어떤 검색어를 많이 입력했는지 알려준다. 이 중에서 유튜브 검색은 특정 기간 동안 사람들이 많이 검색한 '인기 검색어'와 이전까지는 검색이 많지 않다가 갑자기 늘어난 '급상승 검색어'를 상위 25개까지 제공한다. 이를 잘 활용하면 유튜브 사용자의 시청 의도 및 행태를 파악하는 데 도움이 된다.

구글 트렌드로
유튜브 인기 검색어를 알 수 있다

구글 트렌드를 한 번도 써보지 않은 사람을 위해 어떻게 구글 트렌드로 유튜브 검색어를 추출하는지 상세히 안내하고자 한다.

먼저 검색창에 '구글 트렌드'라고 입력하거나 직접 주소창에 trends.google.com을 입력하여 웹페이지에 들어간다. 좌측에 세 줄 표시가 되어 있는 메뉴 버튼을 누르면 여러 항목이 나오는데 이 중에서 '탐색'을 선택한다. 그럼 페이지 중간쯤에 '전 세계', '지난 12개월', '모든 카테고리', '웹 검색'이라는 여러 필터가 보인다. 만일 한국 사람들이 2020년 5월 유튜브에서 많이 입력한 검색어를 알고 싶다면, 각 항목을 '대한민국', 맞춤 기간으로 달력에서 '2020년 5월 1일~ 31일'을 선택 후, '모든 카테고리', '유튜브 검색'으로 필터를 선택한다. 그러면 다음과 같은 결과가 나온다.

필터 적용을 하면 그림에서 보는 것처럼 '급상승'이 기본으로 보인다. 앞서 설명했듯 이전까지는 검색량이 거의 없거나 적었는데 갑자기 지정한 기간에 검색량이 많아진 검색어이다. '급상승'이라

구글 트렌드 검색 예시 화면

고 되어 있는 곳을 누르면 '인기'로 변환할 수 있으니 필요에 따라 사용하면 된다. '인기' 검색어는 해당 기간에 절대량으로 가장 많이 검색된 검색어를 뜻한다. 미풍양속에 반하는 욕설이나 음란어는 표시 대상에서 제외된다. 하단에 오른쪽으로 가는 화살표를 눌러서 총 25개의 검색어를 순위대로 확인할 수도 있고, 상단의 내려받기 표시 화살표를 눌러서 표 형태의 csv. 파일로 추출할 수도 있다.

2

2019년 사람들이
가장 많이 검색한 단어는?

그럼 여기서 질문. 2019년 한국 사용자들이 유튜브에서 가장 많이 검색한 단어는? 정답은 '노래'다. 한국 사용자가 특히 노래를 좋아해서 그런 것은 아니고 대부분의 나라가 비슷하다. 나라를 미국으로 바꿔보면 'songs'가 나오고, 인도로 바꿔도 'song'이 나온다. 필터를 전 세계로 걸면 1위 'song', 2위 'movie', 3위 'songs', 4위 'movies'로 노래와 영화가 단수/복수 형태로 1~4위를 모두 차지하고 있음을 알 수 있다. 사실 이는 2019년만의 일이 아니고 구글 트렌드가 데이터를 제공하는 2008년부터 계속되어온 흐름이다.

유튜브에서 특정 음악이 아니라 '노래'라고 검색했다는 것은 특정 음악을 찾겠다는 의도보다는 누군가 모아 놓은 '노래 모음 영상'을 틀겠다는 의도로 해석된다. '어스름한 새벽에 침대 속에서 듣기 좋은 팝송 모음' 같은 제목의 영상 말이다.[2] 마찬가지로 '먹방'을 검색했다는 것은 특정 먹방 크리에이터의 영상을 본다기보다 검색 결과로 나오는 먹방 영상 중에 골라 보겠다는 의도가 담긴 것이다. 반면, '방탄'이라고 검색한 것은 누가 봐도 방탄소년단의 영상을 찾아보겠다는 의도이다.

그렇다면 이번에는 어떤 의도로 사람들이 유튜브에서 영상을 찾

순위	검색어	순위	검색어	순위	검색어
1	노래	10	방탄소년단	19	아이즈원
2	먹방	11	bts	20	잠뜰
3	방탄	12	짱구	21	도티
4	영화	13	뉴스	22	브롤 스타즈
5	asmr	14	뽀로로	23	키스
6	직캠	15	배그	24	액괴
7	노래모음	16	멜론	25	흔한남매
8	노래방	17	트와이스		
9	음악	18	실시간		

는지 살펴보도록 하겠다. 이는 2019년 전체를 놓고 인기 검색어 25 개를 뽑은 후에 앞서 인기 동영상 목록에서와 같이 몇 개의 공통 주제로 묶는 작업을 해보면 알 수 있다.

위의 표를 보면서 사실을 추려보자. 상위 25개 검색어 중 무려 11 개가 음악과 관련이 있다(노래, 방탄, 직캠, 노래모음, 노래방, 방탄소년단, bts, 음악, 멜론, 트와이스, 아이즈원). 유튜브로 음악을 듣거나 보는 수요 가 압도적으로 많음을 짐작케 한다. 한편, 콘텐츠 장르가 검색어인 경우는 '먹방, asmr, 영화, 뉴스, 실시간'으로 다섯 가지다. 이 다섯 가지는 특정 크리에이터와 무관하게 적극적인 장르 소비가 일어나 는 검색어라 보면 된다. 그 밖에 유튜브 크리에이터의 이름이 인기 검색어인 경우는 잠뜰, 도티, 흔한남매까지 세 개로 집계된다. 한편, 한국이 아닌 다른 나라의 인기 검색어가 궁금하면 필터를 대한민국에서 다른 나라로 바꿔주기만 하면 된다. 조금만 시간을 들이면 나라별로도 시청 트렌드를 금방 파악할 수 있다.

월별 차트를 만들면 흐름이 보인다

구글 트렌드를 통한 유튜브 인기 검색어의 진가는 시계열 분석을 했을 때 나타난다. 바꿔 말하면 2019년을 한 덩어리로 보는 것이 아니라 열두 달로 나눠서 인기 검색어의 등락을 본다는 의미다. 대체로는 큰 변화가 없지만 순위의 등락과 신규 검색어 진입 및 기존 검색어 탈퇴 등을 표시해두면 도움이 된다. 다음 표에 2019년 인기 검색어를 월별로 정리해보았다.

고유명사 중에는 '방탄'이 연중 압도적 인기를 구가하는 가운데, 오랫동안 인기 검색어 자리를 지키던 '액괴', '슬라임'이 차트 밖으로 나가고, '브롤스타즈', '롤'의 진입 및 상승이 눈에 띈다. 보는 게임 콘텐츠로서는 두 게임의 시청 수요가 많음을 알 수 있다. 그 외로는 '뉴스'와 '멜론'의 상승세가 돋보였는데 유튜브로 세상 소식을

2019년 월별 인기검색어 추이

	1월	2월	3월	4월	5월	6월	7월	8월	9월	10월	11월	12월
1	노래	노래	노래	노래	노래	노래	노래	노래	노래	노래	노래	노래
2	먹방	먹방	먹방	먹방	방탄	bts	노래모음	먹방	먹방	먹방	먹방	크리스마스
3	asmr	asmr	asmr	먹방	bts	노래모음	먹방	노래모음	노래모음	노래모음	영화	영화
4	영화	방탄	영화	방탄소년단	먹방	영화	영화	영화	영화	영화	노래모음	먹방
5	직캠	영화	직캠	asmr	노래모음	방탄	일본	방탄	뉴스	뉴스	아이유	겨울 왕국
6	노래방	직캠	노래방	bts	영화	먹방	직캠	일본	멜론	멜론	멜론	노래모음
7	방탄소년단	노래방	방탄	영화	asmr	you	멜론	멜론	음악	롤	음악	방탄
8	짱구	노래모음	노래모음	직캠	방탄소년단	직캠	음악	asmr	asmr	asmr	롤	겨울 왕국2
9	스카이캐슬	짱구	음악	노래방	노래방	노래방	알라딘	음악	방탄	직캠	뉴스	멜론
10	도티	음악	짱구	노래모음	직캠	음악	bts	뉴스	워크맨	일본	펭수	캐롤
11	배그	배그	고등 래퍼	블랙핑크	잔나비	멜론	asmr	직캠	직캠	짱구	직캠	음악
12	액괴	신비아파트	뉴스	트와이스	트와이스	asmr	메이플	호텔델루나	일본	노래방	asmr	펭수
13	슬라임	방탄소년단	달라 달라	짱구	짱구	2002	뉴스	브롤스타즈	조국	워크맨	노래방	노래방
14	유튜브	도티	정준영	손흥민	뉴스	피아노	롤	워크맨	짱구	팝송	겨울 왕국	뉴스
15	신비아파트	피아노	옥탑방	작은 것들을 위한 시	어벤져스	메이플	팝송	bts	롤	브롤스타즈	짱구	아이유
16	보겸	뽀로로	뽀로로	뉴스	롤	알라딘	케이	롤	브롤스타즈	트와이스	일본	asmr
17	키스	슬라임	방탄소년단	아이즈원	멜론	방탄소년단	방탄소년단	방탄소년단	팝송	bts	팝송	직캠
18	롤	액괴	브롤스타즈	작은 것들을 위한 시	송가인	롤	반응	짱구	흔한남매	흔한남매	겨울 왕국2	방탄소년단
19	양팡	잠뜰	배그	봄	작은 것들을 위한 시	팝송	짱구	팝송	가로 세로	설리	워크맨	bts
20	뽀로로	흔한남매	키스	잔나비	뽀로로	뉴스	브롤스타즈	잠뜰	방탄소년단	브이 로그	흔한남매	롤
21	트와이스	키스	실시간	브롤스타즈	케이	아이즈 원	아이즈 원	아이유	트와이스	동요	손흥민	일본
22	여자 친구	메이크업	짱구는 못말려	뽀로로	팝송	이강인	spee chless	흔한남매	동요	방탄소년단	bts	리니지
23	뉴스	달라 달라	흔한남매	어벤져스	눈	총몇명	롤토 체스	양팡	가로 세로 연구소	짱구는 못말려	브이 로그	겨울 왕국2 ost
24	잠뜰	실시간	눈	19	fancy	패스 오브 엑 자일	총몇명	꽃자	bts	아이유	방탄소년단	팝송
25	bts	손흥민	신비아파트	키스	아이즈 원	백종원	멜론 차트	웹 드라마	브이 로그	뉴스 공장	브롤스타즈	손흥민

듣고 음악을 듣는 행위가 보편화되고 있음을 알 수 있다. '멜론'을 검색한다는 것은 멜론 차트의 곡을 유튜브에서 소비하겠다는 의도이다.

하반기에는 '워크맨' 채널과 '흔한남매' 채널이 단일 채널로서는 높은 검색량을 보였고, 여기에 '펭수'가 합류했다. 'ASMR'은 여전히 검색량이 많지만 이전에 비해 감소하는 추세이며, 대신 '브이로그^{V-log: Video-Log}'가 9월부터 새로 들어오면서 감성 힐링의 영역을 확장시키고 있다.

이처럼 검색어 순위의 변화만으로 대략적인 트렌드 흐름을 진단할 수 있다. 검색어 추출은 정말 시간이 얼마 걸리지 않는 간단한 일이다. 이를 표에 정리하고 순위 등락을 파악하는 것은 조금 더 시간이 걸리긴 하지만 분기에 한 번 정도 정리해보기를 권한다. 이러한 작업이 유튜브와 그 사용자의 행동을 이해하는 측면에서는 많은 도움이 될 것이다.

사람들이 유튜브를 보는 결정적 이유

최근 대외적으로 유튜브 관련 강의를 하면 '유튜브 감성' 이야기를 많이 언급하게 된다. 구독자, 조회 수, 좋아요 수와 같은 정량적 지표를 챙겨보는 것도 중요하지만 무엇이 그 지표를 만들어내는지 이해하는 것이 더 중요하다는 취지에서다. '왜 이런 조회 수가 나올까, 저 채널은 왜 갑자기 뜰까, 이 채널은 왜 구독자가 많을까' 같은 질문에 답을 하려면 유튜브를 보는 사람들의 '시청 감성'에 공감해야 한다. '아, 이래서 좋아하는구나. 이런 목적으로 시청하는구나. 이 부분이 부족하구나'라는 식으로 말이다.

3

물론 유튜브 안에 다양한 콘텐츠가 존재하듯 모든 시청 감성을 이해하기란 불가능하다. 그러나 분명한 몇 가지 대표 감성은 뽑을 수 있다. 유튜브라는 미디어를 통해 마케팅을 하고자 한다면 유튜 브 시청자의 감성을 이해해야 어렵지 않게 접근할 수 있다. 그리하 여 여기 다소 많은 지면을 할애해 유튜브 시청 감성에 대한 이야기 를 하고자 한다. 내가 뽑은 여섯 가지 유튜브 감성을 하나씩 풀어보 겠다.

진정성:
솔직한 자기 감정의 표현

진정성은 유튜브 감성 중에 가장 보편적이라 할 수 있다. 유튜브에 최초로 올라온 영상으로 잘 알려진 'Me at the Zoo'[3]라는 영상은 유튜브 창업자 중 한 명이 동물원에서 테스트용으로 찍은 19초 남 짓의 영상이다. 이 영상을 장르로 구분하면 일상을 기록하는 지금 의 브이로그에 해당한다고 볼 수 있다. 브이로그는 유튜브 최초의 영상 장르이기도 하지만, 지금의 유튜브를 있게 하는 데 가장 큰 역 할을 한 장르이기도 하다. 그리고 이렇게 누구나 일상을 찍어 올리 고 공유할 수 있는 대표적인 브이로그 플랫폼에서 가장 중요한 감성이 바로 진정성이다.

보통 사람들은 '진정성이 있다'는 말보다 '진정성이 없다'는 말을 자주 쓰는데, 누군가의 말과 행동이 가슴에서부터 우러나오는 진심이 아니라고 판단할 때 사용한다. 유튜브 감성 중 하나로 이야기하고 싶은 진정성은 말과 행동으로 표출되는 수준을 넘어 그러한 말과 행동을 하는 상황이 얼마나 연출되지 않았는가를 표현한다고 볼 수 있다. 요즘 말로 '주작'(거짓되게 지어냄)이냐 아니냐를 따지는 것이다.

일기의 감성을 생각하면 쉽다. 브이로그는 우리말로 풀어 쓰면 '영상 일기'다. 일기란 기본적으로 솔직한 자기 기록이다. 억지로 짜내는 감성이 아니라 있는 그대로의 감성을 지금 느끼는 대로 기록하는 것이다. 어디에서 누구와 무엇을 하는 영상을 기록할지 스스로 기획하고 연출하고 편집하기에 기본적으로 크리에이터의 브이로그 영상은 '상황적 진정성'을 지닌다. 예를 들어 크리에이터 윤이버설은 '제주도민 브이로그 영상'[4]에서 제주도 일상을 담아내면서도 마치 일기를 쓰듯이 자신의 진지한 생각을 자막으로 표현하고 있다. 유튜브에는 이처럼 일상 속 솔직한 자기 감정을 고백하는 채널이 많다.

기성 미디어와 1인 미디어를 비교할 때 가장 큰 차이가 PD와 출연자의 거리다. TV를 통해 보는 대부분의 기획 영상물은 연출자와 출연자가 구분되어 있다. 연출자가 일정한 기획 의도를 갖고 영상의 흐름을 먼저 만들고, 그 위에 출연자가 대본 또는 짜여진 상황에 따라 움직인다. 반면 유튜브 크리에이터는 대부분 연출자와 출연자의 구분이 없다. 본인이 기획하고, 본인이 촬영하고, 본인이 출연하고, 본인이 편집하고, 본인이 직접 유튜브에 영상을 올리고 시청자와 소통한다.

물론 편집자를 두기도 하고 촬영을 도와주는 경우도 있지만 대부분 기획은 유튜브 크리에이터의 몫이다. 따라서 사람들은 영상을 통해 크리에이터의 외형적 매력(인물, 목소리, 말투 등)뿐 아니라 내면적 매력(구성력, 기획력, 편집 감각 등)도 함께 느끼게 된다. 크리에이터 스스로가 만든 영상은 우리에게 꾸밈없는 날것의 감성, 진정성을 전해준다. 이 감성이 유튜브라는 미디어를 이해하는 첫걸음이라 하겠다.

동시에 바로 이러한 점이 유튜브 인플루언서 마케팅을 어렵게 하는 요소이기도 하다. 협찬을 받아 제작하는 영상은 기획 단계부터 협찬을 의뢰하는 광고주의 입김이 들어갈 수밖에 없다. 본질적으로 외압이 존재하지 않는 유튜브 영상에 외압이 들어왔으니 자칫 잘못하면 진정성을 잃어버릴 수 있다. 제품 사용에 대한 진실된 만족감을 표현하는 크리에이터의 표정이 흔히 '자본주의 표정'이라 말하는 억지 감탄으로 비춰질 수 있기 때문이다. 그래서 크리에이터 입장에서는 '협찬을 받았지만 협찬을 받았다는 이유로 안 좋은 걸 좋다고 하지 않습니다'라는 진정성을 전하기 위해 부단히 노력한다. 그들은 한 번 무너진 시청자의 신뢰는 복구하기 어렵다는 것을 너무 잘 알고 있다.

대리 만족:
대리 버킷리스트 실천

두 번째로 이야기하고 싶은 유튜브 감성은 대리 만족이다. 내가 직접 체험하지 않아도 영상을 통해 간접 체험함으로써 만족을 느끼는 감성이다. '아니, 대리 만족이 유튜브 감성이라고? 대리 만족은 이미 기성 미디어에서도 쉽게 찾아볼 수 있는 감성이 아닌가?'라고 반문할 수 있다. 연예인들이 나오는 맛집 탐방 프로그램을 보며 입맛을 다시고, 멋진 여행지를 다니는 프로그램을 보며 여행의 즐거움을 간접 체험하고 있지 않은가.

외견상 비슷해 보일 수 있으나 앞선 진정성의 감성과 연결해보면 TV 프로그램을 통한 대리 만족과 유튜브 크리에이터를 통한 대리 만족은 깊이의 측면에서 꽤 큰 차이가 있다. TV에서 방영되는 맛집, 여행지 등은 대체적으로 연출자의 기획 의도에 의해 선정된다.

많은 인기를 얻은 여행 프로그램 〈꽃보다 할배〉의 경우에도 제작진의 기획 속에 배낭여행 장소와 그 배낭여행을 갈 사람들이 섭외된 것이다. 출연진은 최대한 자연스럽게 다양한 체험 활동을 벌이지만, 어디까지나 연출된 판 위에서 놀아야 한다. 프랑스를 가고 싶었던 것은 연출진이지 출연자가 아니란 이야기다.

반면, 유튜브 크리에이터의 맛집, 여행지 탐방은 주로 본인이 정말 먹어보고 싶은 음식, 가보고 싶은 곳이 중심이 된다. 일종의 버킷리스트 실천에 가깝다고 할 수 있겠다. 그리고 이렇게 진정성 있는 체험 모습을 담아야 보는 사람으로 하여금 높은 수준의 대리 만족을 줄 수 있다. 영상을 보는 시청자가 '아, 저 음식을 먹으면 저런 표정이 나오는구나', '나도 저기 가면 저렇게 소리를 지르겠구나' 하면서 크리에이터의 세세한 표정과 행동에 자신을 투영할 정도로 깊이 공감되는 모습을 담아야 한다.[5]

'찐텐'이라는 신조어가 있다. '진짜 텐션'의 줄임말로 억지 연기가 아닌 솔직한 감정이 그대로 표현됨을 말한다. 오랫동안 너무나 갖고 싶었던 물건을 구매해서 포장을 뜯고 처음 실물을 영접할 때의 기분을 누구나 느껴보았을 것이다. 유튜브 크리에이터를 통해 기대하는 대리 만족의 수준은 그때 그 감성을 오롯이 떠올리게 할 정도로 실감나는, 즉 '찐텐'이다.[6]

유튜브 인플루언서 마케팅을 할 때 고려해야 할 지점을 여기서 찾을 수 있다. 바로 '찐텐'이다. 상황적 진정성 위에 찐텐이 가미될 때 시청자의 대리 만족 감성을 깊게 자극할 수 있을 텐데, 크리에이터와 협업한 광고 영상들을 보면 평상시의 영상만큼 진실된 감성이 나오지 않는 경우가 많다. 그래서 어떤 경우에는 '여러분, 드디어 제게도 광고가 들어왔어요'라고 기뻐하는 모습을 담은 후에 리뷰를 시작하는데[7], 그 기저에는 적어도 광고가 들어와서 기쁜 감성만큼은 사람들이 진실되게 볼 것이라는 기대가 깔려 있다. 앞으로 펼쳐질 자신의 다소 어색한 연기를 사전에 희석시키는 효과도 있고 말이다.

덧붙여 말하면, 대리 만족이라는 감성의 관점에서 보았을 때, 이 찐텐을 잘 표현하는 크리에이터일수록 섭외 인기가 좋다. 크리에이터의 실제 속마음이야 알 길이 없지만 적어도 제품에 진실로 만족한다고 믿게 하는 표현은 시청자에게 높은 수준의 대리 만족 감성을 전하고, 그 대리 만족의 감성이 자연스럽게 '아, 나도 갖고 싶다'로 이어진다. 그러므로 크리에이터를 섭외할 때 기존 광고 영상에서 보여준 모습을 꼭 확인해보기 바란다.

유용성:
무엇이든 물어보세요

정보를 얻기 위해 유튜브를 활용하는 것은 이제 그리 놀랄 일이 아니다. 원하는 정보를 찾기 위해 유튜브에서 검색했는데 생각보다 많은 사람들이 같은 주제로 영상을 올리는구나 하는 생각에 놀란 적이 모두 한 번은 있을 것이다. 나 역시 실제로 거실의 다운라이트 전구가 나가서 사람을 불러야 하나 고민하다가 유튜브에서 관련 정보를 검색해보고 깜짝 놀랐다. 거의 모든 유형의 다운라이트 전구 교체 방법이 올라와 있었다. 영상을 10개 정도 보니 자신감이 생겨서 직접 사다가 교체하고, 스스로 뿌듯해했던 기억이 있다. 그 후로는 음악 편집 프로그램을 구입한 후 유튜브를 통해 프로그램 활용법을 익혀서 믹싱 작업을 하기도 했고, 자동차 시승 영상을 수십 개 찾아보고 난 후에 차를 구입하기도 했다. 이처럼 유튜브에는 수많은 정보가 존재하고, 이 때문에 유용한 시간을 보내고 싶은 사람들은 오늘도 유튜브를 찾는다.

이런 유튜브의 유용함은 크리에이터들에게도 상당히 중요한 지점이다. 정보를 제공하는 크리에이터 입장에서는 그냥 유익하기만 해서는 경쟁력이 없으니 어떻게 하면 유사한 정보를 제공하는 다른 채널과 차별화를 할 수 있을까 깊이 고민한다. 유익하면서도 재

있어야 사람들이 또 찾아줄 것이기 때문이다.[8] 그런데 영상을 보지
않고서는 그 재미를 알 수 없으니 어떻게든 영상을 클릭하도록 유
도하려고 흥미로운 제목과 썸네일을 달곤 한다. 같은 정보라도 어
떻게 포장하느냐에 따라 느껴지는 유용성의 감성이 다르기 때문이
다. 예를 들어 와인 고르는 법을 유튜브에서 검색해보면 수많은 영
상이 나오는데, '와인 초보에게 필요한 와인 고르는 법', '이마트 가
성비 와인 추천 Top 5', '실패하지 않는 와인 고르는 법', '국가대표
소믈리에가 알려주는 와인' 등과 같이 저마다 클릭을 유도하기 위

'와인 고르는 법' 검색 결과

해 서로 다른 유용성의 감성을 담고 있음을 알 수 있다.

공급이 있는 곳에 수요가 있고, 수요가 있는 곳에 공급이 있다. 유튜브를 통한 정보 습득은 이처럼 더 유용한 정보를 찾고자 하는 시청자와 더 유용한 정보를 제공하려는 크리에이터의 경쟁적 노력 덕분에 점점 보편화되었고, 정보의 질과 양도 빠르게 늘고 있다. 단순히 제목과 썸네일만 잘 포장한다고 되는 것이 아니다. 실제로 영상을 눌렀을 때 크리에이터가 시청자들에게 유용한 정보를 주기 위해 얼마나 노력하고 준비했는지에 따라 냉정하게 평가를 받기도 한다. 또 유용한 정보 콘텐츠가 유튜브에서 인기를 얻으면서 의사, 심리 상담사 등과 같이 자격증이 필요한 직업인이 직접 유튜브를 통해 지식을 공유하는 사례가 늘고 있다. 이들은 신뢰할 만한 지식 전문가라는 점에서 주목해야 할 크리에이터군으로 각광받고 있다.

이 유용성의 감성은 앞서 이야기한 두 감성과 달리 유튜브 인플루언서 마케팅을 오히려 쉽게 풀 수 있도록 도와준다. 광고라 하더라도 유익한 정보를 제공한다면 시청자 입장에서 느끼는 거부감을 줄일 수 있다. 크리에이터에게 제품의 특장점을 소개하라고 하지 않고 사용자 입장에서 공감되는 유익한 점을 소개하라고 하는 식이다. 결과적으로 같은 내용이라 할지라도 표현 방식이 다르기에 시청자가 느끼는 감성은 매우 달라진다.

"60계 치킨은 정말 60마리만 팔까?"라는 제목의 영상[9]을 올린 크리에이터 진용진은 60계 치킨의 협찬을 받지 않았다고 댓글에서 밝혔지만, 유용성 관점에서 봤을 때 훌륭한 마케팅 효과를 냈다고 볼 수 있다. 크리에이터 진용진은 평소 사람들이 궁금해하지만 굳이 귀찮아서 알아보려 하지 않는 사안에 대해 탐사 보도 정신을 갖고 진실을 파헤치는 크리에이터로 유명하다. 시청자들은 이 크리에이터가 진정성을 갖고 질문에 대한 답을 한다는 것을 알기에 높은 신뢰를 갖고 영상을 클릭한다. 하루에 60마리만 판다는 60계 치킨의 브랜드 메시지를 들었을 때 나 역시 '하루에 매장 한 곳에서 60마리만 판다는 이야기인가?'라고 궁금증을 가졌더랬다. 그는 이렇게 궁금해하는 사람들이 많을 거란 판단에 직접 매장에 찾아가서 60마리만 판다는 것이 어떤 의미인지 확인하는 영상을 제작해 사람들의 궁금증도 해소해주었고(그가 의도하진 않았지만) 동시에 해당 업체가 전하려던 마케팅 메시지의 진정성을 강화해주었다.

평소 사람들이 궁금해하지만 직접 알아보진 않는 사안을 다룬다는 점에서 유용성이 큰 채널이다.

▶ 출처: 유튜브 '진용진'

함께 보기:
모두가 함께 본방 사수

유튜브 시청은 지극히 개인적인 행위처럼 보인다. 영화관 스크린과 거실 TV가 기본적으로 함께 시청하는 즐거움을 제공하고 있다면, 유튜브는 기본적으로 혼자 보는 미디어라는 데 이의를 제기할 사람은 없을 것이다. 그러나 역설적이게도 유튜브에는 '함께 보는 감성'이 존재한다. 물리적으로야 스마트폰이나 모니터를 통해 혼자 보지만 댓글과 채팅 등을 통해 적극적으로 소통함으로써 다른 사람과 함께 영상을 즐기고 있는 것이다.

방송인이자 크리에이터인 유병재가 자신의 유튜브 채널에 개그맨 추대엽이 '카피추'라는 이름으로 등장한 영상[10]을 올린 후 인기를 끌자, 과거 추대엽이 나왔던 TV 프로그램과 보이는 라디오의 수많은 영상들이 유튜브상에서 추천되기 시작했다. 여기에 반응해 과거 추대엽이 나온 영상을 보면 어김없이 댓글에 '유병재의 카피추 영상을 보고 왔다'는 댓글이 달려 있다. 정말로 유병재의 유튜브 채널을 시작으로 해당 영상을 보게 된 시청자는 그러한 댓글을 보면 괜히 반가운 기분이 든다. 또한 온라인상의 다른 누군가도 나처럼 추대엽 성지순례 또는 정주행을 하고 있을 생각을 하면 내가 일종의 트렌드 소비를 하고 있다는 느낌을 받는다.

또 당시 카피추와 진행한 유튜브 라이브는 2만 7,000명 이상이 동시에 시청하는 기록을 낸 적이 있다. 이를 보면 유튜브라는 미디어는 분명 원하는 시간에 원하는 장소에서 혼자 보는 성격이 강하지만, 때로는 한자리에 모여 본방 사수를 하고 채팅을 하는 등 함께 즐기는 미디어의 성격 또한 갖는다고 볼 수 있다.

'SBS Kpop Classic'이라는 유튜브 채널이 있다. 이 채널은 2019년 8월부터 1990년대 후반 인기가요 프로그램을 24시간 라이브로 돌리기 시작했는데[11], 이것이 점점 입소문을 타서 한때 평균 동시 접속자 1만 명이라는 놀라운 수치를 기록하며 90년대 가요를 추억하는 세대들(30~50대로 추정)에 의해 채팅창이 장악된 적이 있다. 이것이 10~20대의 시선에는 흡사 '어르신들'의 대화 같다고 하여 온라인 탑골공원, 온라인 노인정이라는 별칭을 얻기도 했다.

유튜브 측에서도 사람들이 함께 보는 문화를 더욱 활성화하고자 영상을 업로드할 때 라이브처럼 실시간으로 재생시키고, 함께 보는 사람들끼리 채팅을 할 수 있게 하는 '최초 공개(프리미어Premier)'라는 기능을 몇 년 전에 선보였다. 이는 크리에이터의 핵심 팬층이 새 영상을 함께 온라인에서 시청하는 본방 사수의 즐거움을 가질 수 있도록 한 것이다. BTS를 비롯한 인기 가수들은 이제 새 뮤직비디오를 업로드할 때 이와 같은 최초 공개 기능을 활용해 전 세계 팬들이 동시에 본방 사수를 하도록 유도한다.

이러한 함께 보기의 감성에서 파생되는 일종의 '집단 감성'이 유튜브 인플루언서 마케팅을 진행하는 데 어떤 시사점을 줄까? 사람들은 버스 광고나 옥외 광고에 대해서는 설령 마음에 들지 않는다 해도 자신의 불만을 당장 표현하지 않는다. 기껏해야 함께 걷던 친구와 손가락질하는 정도다. 하지만 크리에이터 채널에서 협찬 광고를 진행하면 그 채널을 시청하는 시청자들은 즉각 반응을 보인다. 그리고 이는 금세 집단 형태를 띠는 경우가 많다. '뭐야, 결국 광고였잖아', '광고지만 재밌네', '요새 광고 너무 자주 하는 거 아냐?', '이런 광고라면 언제든 환영합니다' 등 댓글을 통해 광고에 관한 집단적 품평이 일어나는 것이다. 물론 광고 영상이 재밌게 잘 나오면 칭찬 일색이지만 조금이라도 거슬리는 지점이 있다면 얘기가 달라진다. 자칫 집단을 분노케 할 수 있다는 측면에서 유튜브 인플루언서 마케팅은 크리에이터 뒤에 있는 시청자 집단과의 아슬아슬한 줄타기 게임이라 할 수 있다.

일탈:
선 넘기의 짜릿함

'일탈'은 정해진 규범, 사상, 조직 등으로부터 벗어남을 의미한다.

유튜브에도 이러한 일탈 감성이 존재하는데, 쉽게 말해 유튜브 영상을 통해 남이 일탈하는 모습을 보고 대리 만족하는 사람들이 많다는 뜻이다. 앞서 말한 대리 만족의 한 갈래라고도 볼 수 있지만 이 일탈 감성이 2019년 국내에서 핫한 키워드로 떠오른 '펭수', '워크맨' 등을 이해하는 단초가 되기에 그 중요성을 감안해 별도의 감성으로 분류해 설명하고자 한다.

펭수 신드롬이라 불러도 될 만큼 2019년 하반기를 강타한 EBS의 캐릭터 '펭수'의 인기 비결도 바로 이 '선 넘기'에 있다. EBS라는 회사가 지닌 모범적인 환경에서 펭수같이 말 안 듣고, 자기 고집이 세고, 거침없이 말하는 캐릭터가 나왔으니 사람들은 'EBS에서 이래도 되나' 싶으면서도 고정관념이 만들어놓은 어떤 선을 넘고 있는 펭수의 모습에 알 수 없는 쾌감을 느낀다. '워크맨'의 주인공 장성규는 아예 별명이 '선넘규'일 정도로, 도발적인 말투와 행동으로 사람들에게 즐거움을 줬다. 또 '장삐쭈' 채널의 초창기 캐릭터였던 '안기욱'도 회사에 적응 못하는 신입사원이지만 속사포 같은 급식체 랩을 통해 결국 하고 싶은 말은 다 하는 사이다 캐릭터로 억압된 회사 환경에서 선을 넘는 모습을 보여줬다.

오해하지 말아야 할 것은 이 일탈의 감성이 사회적·법적으로 문제되는 범위의 일탈까지 포함하지는 않는다는 점이다. 과거 자극적인 콘텐츠를 만들기 위해 공공장소에서 문제가 될 만한 행동을 하는 사람들이 있었는데 이는 거부감을 불러일으키는 일탈이다. 유튜브 감성으로서의 일탈은 반복적인 일상의 지루함을 잠시 잊게 해 줄 정도의 일탈이다.

　한때 '던질까 말까'라는 춤이 유튜브에서 유행한 적이 있다. 쉬지 않고 적게는 한 시간 많게는 24시간 동안 같은 자리에서, 같은 음악에, 같은 춤 동작을 하며 영상을 찍는 릴레이가 일었던 것이다.[12] 이 '몇 시간 동안 쉬지 않고 무엇 하기'라는 식의 콘텐츠가 일견 가학적으로 보일 수도 있겠다. 그러나 달리 보면 남에게 피해를 주지 않는 선에서 상식적으로 하지 않을 무모한 행동을 하는 것이 인기 콘텐츠가 될 수 있음을 시사한 대표적인 사례였다.

　유튜브 인플루언서 마케팅을 할 때 이러한 일탈 감성을 잘 활용하면 시청자들의 지지를 얻을 수 있다. '아니 광고인데 이렇게 만들었다고?', '광고주가 이걸 허락했다고?'라고 할 정도로 크리에이터가 브랜드 이야기를 도발적으로 풀었을 때 시청자들은 묘한 쾌감을 느낀다. 크리에이터가 광고주에게 휘둘리는 모습보다 광고주가 크리에이터에게 휘둘리는 듯한 모습을 볼 때 시청자 입장에서 더욱 재밌지 않겠는가? 뭐든지 과하면 안 되겠지만 세련되게 표현할 경우 이 일탈 감성은 유튜브 인플루언서 마케팅의 감초 역할을 하기도 한다.

휴식:
콘텐츠 소음에서 벗어나기

다음으로 유튜브를 통해 쉼을 얻고 기분을 정화하려는 휴식 감성이 있다. ASMR이라는 장르로 대표되는 이 감성은 직접 체험해보기 전까지는 공감하기 다소 어렵다. 심신의 안정을 주는 백색 소음을 떠올리면 쉬운데, 자연의 소리, 속삭이는 소리, 음식을 먹는 소리 등 다양한 소리를 담아 시각적 측면보다는 청각적 측면에 집중한 영상이라 보면 된다.

그렇다고 ASMR에만 국한되는 것은 아니다. 브이로그 장르 중에서도 '감성 브이로그'라 해서, 말은 많이 하지 않고 편안한 음악과 자연 소리 기반에 일상을 담는 영상은 앞서 말한 대리 만족의 감성보다 휴식 감성을 자극한다고 볼 수 있다.[13] 먹방 중에서도 'eating sound' 장르는 말을 많이 하지 않고 먹는 소리에 집중한 영상인데 이것도 휴식 감성의 콘텐츠로 볼 수 있다.[14] 더 확장하면 세상살이의 어려움을 느끼는 사람들에게 삶의 크고 작은 지혜를 전달하고자 하는 일명 '지혜 채널'도 포함할 수 있다.[15]

앞서 한국 유튜브 사용자가 ASMR이라는 단어를 얼마나 많이 검색하는지 이미 확인한 바 있다. 최근 들어 검색어 순위가 다소 떨어지고 있지만 휴식과 치유 목적의 유튜브 시청은 여전히 많다. 실제로 유튜브에 '힐링', '명상'과 같은 단어로 검색을 하면 몇 시간 동안 틀어놓을 수 있는 영상이 무수히 많이 추천된다.

이 휴식 감성을 유튜브 마케팅에 어떻게 적용할 수 있을까? 휴식을 원하는 사람에게 광고라니, 반감을 사기만 할 것 같은데 말이다. 생각을 바꿔볼 필요가 있다. 휴식을 방해하는 마케팅 콘텐츠가 아니라 휴식을 도와주는 마케팅 콘텐츠를 고민해보는 것이다. 유튜브 영상 중에는 일상을 벗어나 정말 비행기를 탄 것 같은 기분을 느끼게 하는 롤 플레잉 영상[16]이 있다. 피부 관리샵에 온 것 같은 착각을 주는 영상[17]도 있다. 이런 영상들은 일상에 지친 사람들을 새로운 휴식 공간으로 안내한다.

이로 미루어볼 때 15초 안에 마케팅 메시지를 어떻게 넣을까만 고민하지 말고, 휴식 감성에 기반하여 브랜드가 표방하는 감성이나 이미지를 전달하는 새로운 시도를 고민하는 것도 좋겠다. 메시지 과잉 시대에 메시지를 자꾸 얹는 방식만이 좋은 브랜드 커뮤니케이션은 아닐 것이다. 메시지를 줄이고 시청자에게 휴식을 선사하는 것이 브랜드를 거부감 없이 알리는 신선한 전략이 될 수 있다. 확실한 휴식 감성을 낼 수만 있다면 지속적으로 사람들이 찾아보는 광고가 될 가능성도 크다.

지금까지 마케터가 알아야 할 유튜브 감성을 여섯 가지로 나누어

크리에이터가 롤플레잉하여 시청자가 일상에서 벗어난 상황을 경험하도록 한다.

▶ 출처: (위)유튜브 '임한올 Hanol Rim' (아래) 유튜브 'ASMR Suna 꿀꿀선아'

살펴봤다. 사람들은 유튜브 크리에이터로부터 진정성 있으면서도 대리 만족감을 느낄 수 있는 콘텐츠를 원한다. 또는 유용한 정보나 일상을 벗어난 일탈의 쾌감, 정서적 안정을 그들의 영상에서 얻기를 원한다. 나아가 함께 보는 시청 경험을 통해 일종의 소속감도 얻고자 한다. 유튜브라는 미디어를 활용해 마케팅을 잘하기 위해서는 이 여섯 가지 감성을 기억하길 바란다.

눈에 띄는 지표를 만드는 것은 공감이고, 공감을 얻기 위해서는 사람들이 기대하는 감성을 충족시켜야 한다. 이를 이해하지 못하고 의사결정자의 개인적인 감성에 따라 유튜브 인플루언서 마케팅을 진행한다면 시청자도, 크리에이터도, 광고주도 불만족스러운 상황에 도달할 수 있다. 잊지 말자. 모든 것은 시청자로부터 시작된다.

크리에이터가 유튜브를 하는
결정적 이유

내가 좋아하는 영화 대사 하나가 있다. 영화 〈비열한 거리〉에서 황
회장(천호진 분)이 병두(조인성 분)에게 차 안에서 나지막한 목소리로
전하는 대사다.

"병두야. 세상을 살아가는 데 두 가지만 기억하면 된다. 나한테
필요한 사람이 누구인지, 그 사람이 뭘 필요로 하는지."

유튜브 인플루언서 마케팅에서도 이 두 가지만 기억하면 된다.
'나한테 필요한 크리에이터가 누구인지, 그 사람이 무엇을 필요로
하는지.'

이번 장에서는 나에게 필요한 크리에이터가 누구인지 알기 전에 '그 사람', 크리에이터가 무엇을 필요로 하는지 이야기하고자 한다. 앞선 장이 시청자가 유튜브에서 무엇을 기대하는지에 대한 이야기였다면 이번 장은 크리에이터가 유튜브를 통해 무엇을 기대하는지에 대한 이야기라 할 수 있다. 크리에이터가 본업이라 할 수 있는 전업 크리에이터부터 다른 일을 하면서 유튜브에서 활동하는 부업 크리에이터까지 저마다 처한 상황이 다르지만 대체로 다음 세 가지가 그들의 제작 동기라 할 수 있다.

구독자 수가 명함이다

유튜브 영상을 보면 자주 보고 듣게 되는 멘트가 있다. '구독과 좋아요 부탁드립니다.' 콘텐츠의 홍수 속에서 크리에이터는 자신의 영상을 선택해준 새로운 시청자에게 구독을 요청한다. 구독 버튼을 눌러야 다음에 자신을 또 찾게 될 확률이 높다는 것을 알기 때문이다. 또 좋아요를 눌러 달라고 부탁함으로써 자신의 영상이 또 다른 새로운 시청자에게 노출될 확률이 높아지길 기대한다. 영상에 대한 반응이 좋을수록 유튜브 알고리즘이 자신의 영상을 더 많이 노출

해줄 거란 믿음 때문이다.

구독자 수는 유튜브 크리에이터에게 있어 명함과도 같다. 크리에이터를 소개할 때 조회 수를 이야기하는 경우는 없고, 100만 유튜버, 250만 구독자 크리에이터 누구누구 하는 식으로 구독자 수를 앞에 붙인다. 어찌 보면 계급 같아 보이기도 한다. 1만, 5만, 10만, 100만과 같은 구간을 넘어설 때 크리에이터는 마치 승진한 것과 같은 기쁨을 누린다. 앞자리 숫자가 바뀔 때면 마치 직장인들의 연봉 앞자리가 바뀐 것처럼 기뻐한다. 유튜브를 시작하는 첫날부터 집착하게 되는 것, 어디 가서 유튜브 한다고 했을 때 사람들이 제일 먼저 물어보는 것, 많으면 자랑하고 싶고 적으면 숨기고 싶은 것, 바로 구독자 수다.

크리에이터마다 채널을 시작한 이유는 다르겠지만, 구독자 수 늘리기가 유튜브 채널 운영의 가장 기본이요, 우선적인 목표다. 이 때문에 그들은 영상을 올릴 때마다 두 가지 걱정을 한다. '이 영상을 보고 기존 구독자들이 혹시 구독 취소를 누르면 어떡하지?'와 '이 영상을 보고 신규 시청자들이 구독을 많이 안 누르면 어떡하지?'이다. 따라서 유튜브 인플루언서 마케팅을 할 때도 그들과 같은 관점에서 생각을 해야 한다. 기존 구독자가 이 영상을 보고 싫어하지는 않을까 하는 것이다. 광고 한번 잘못 했다가 구독자가 등을 돌린다면 크리에이터에게 있어서는 광고로 인한 단기적 이익보다 애청자를 잃는 장기적 손실이 크기 때문이다.

흔히 나오는 사례는 아니지만 가장 이상적인 경우가 광고 협업을 통해 구독자가 더 느는 경우다. 광고 협찬 영상이지만 조회 수가 일반 영상보다 잘 나오고 그 반응이 좋을 경우, 해당 영상은 기존 구독자 외에 새로운 시청자에게 노출될 확률이 높아진다. 광고 영상을 통해 크리에이터를 처음 알게 된 시청자 중의 많은 수가 채널을 구독하게 되면 크리에이터 입장에서는 광고도 하고 구독자도 얻는 일석이조의 경험을 하게 된다. 광고주는 조회 수가 잘 나오고 더 많은 시청자에게 도달했다는 측면에서 만족스러울 것이고, 크리에이터는 광고를 통해 기존 구독자도 만족시키고 새로운 구독자도 얻었다는 측면에서 만족스러울 것이다.

이처럼 크리에이터가 구독자 수에 연연할 수밖에 없는 창작활동을 하고 있다는 것만 충분히 이해해도 유튜브 인플루언서 마케팅 실무에서 벌어지는 갈등의 상당 부분이 해소될 수 있다. '구독자가 싫어하더라도 광고니까 이건 해주세요' 대신, '구독자가 싫어할 것 같으면 빼주시고, 좋아할 만한 방식으로 풀어주세요'라고 말하는 쪽이 크리에이터를 위한 최고의 배려다. 한편, 크리에이터 입장에서도 무조건 안 된다고 하기보다 '이렇게 하면 구독자한테서 반감이 있을 것 같으니 그들이 좋아할 만한 방향으로 새로 기획해보겠다'라고 적극적인 자세를 취해주면 좋다.

돈은 벌 수 있을 때
바짝 벌어야 한다

유튜브 크리에이터가 직업으로서 각광받는 주요한 이유 중 하나가 수익적 측면이라는 것을 부정할 수 없다. 업로드한 영상 앞에 광고를 붙이고 광고 수익을 내기까지 구독자 1,000명과 4,000시간 시청이라는 진입 장벽이 있지만, 시청자를 많이 모았을 때 한 달에 수백만 원에서 많게는 수천만 원의 수입이 발생할 수 있기 때문에 많은 사람들이 유튜브 크리에이터가 되고자 도전한다. 영상 앞에 붙는 광고 외에도 개인 후원 등이 존재하고, 채널이 커지면 협찬 광고, 제품 출시, 영상 제작 의뢰 등 다양한 사업 제의가 들어온다. 톱 크리에이터가 되면 한 달에 수억 원 이상의 수입도 가능하기 때문에 직장을 그만두고 제2의 직업으로 유튜버에 도전하는, 이른바 '경력직 유튜버'도 많이 생겨나고 있다.

하지만 막상 도전해보면 한 달에 유튜브 광고 수익으로 300만 원 이상 버는 것이 쉽지 않음을 깨닫는다. 월 300만 원을 벌기 위해서는 시기에 따라 조금씩 차이는 있지만 대략 월 조회 수가 300만 회 이상이 나와야 한다. 이는 영상 하나당 평균 10만 조회 수가 나오고 한 달에 10개 정도의 영상을 1년 동안 꾸준히 올렸을 때 달성 가능한 수치로 추산한다. ([신규 영상 10개 × 10만 회 = 100만 회] + [과거 영상 약 100개 × 2만 회 = 200만 회] = 300만 회) 어디까지나 가정에 근거한 추산이니 공식으로는 여기지 않았으면 좋겠다. 1년이 지났을 때 영상이 저 정도 쌓이고 최근 올리는 영상들이 저 정도 조회 수가 나와야 월 300만 원 정도 수익이 발생한다는 정도로 이해하자.

혼자 하는 채널이라면 그래도 생계유지는 되겠으나 둘이나 셋이 같이 하면 저 금액을 또 나누게 되니 결국 다른 수입원이 필요해진다. 또 조회 수가 저만큼 나오지 않을 때도 수입이 부족하니 다른 수입원을 필요로 한다. 조회 수가 매우 잘 나온다 하더라도 훨씬 가성비가 좋은 수입원이 있다면 이를 마다할 이유가 없다. 이런 저런 이유로 유튜브 크리에이터는 대부분 기본적인 유튜브 광고 수익 외에 광고 협찬으로 인한 수익 활동에 적극적이다. 가성비가 좋기 때문이다.

일반 영상은 조회 수당 1원의 수익을 얻는 반면, 광고 의뢰를 받아 제작한 협찬 영상은 적게는 조회 수당 10원에서 많게는 500원 이상의 가치를 인정받는다. 조회 수 대비 수익률만 따져보면 10배에서 500배가 높은 셈이다. 광고 협찬 비용을 조회 수에 따라 지급하는 경우는 거의 없지만 결과적으로 산정해보면 그렇다. 영상 한 편당 10만 조회 수를 달성할 수 있는 크리에이터라면 협찬 광고를 한 번 받았을 때 못해도 수백만 원에서 수천만 원까지 받을 수 있다. (참고로 단가가 저렇게 크게 차이 나는 이유는 기획력, 인지도 및 매출 증대 기대 효과 등에서 차이가 크기 때문이다.) 한 번 협찬 광고를 잘 진행하면 한 달 동안 벌어들이는 기본 광고 수익만큼, 또는 그 이상을 벌 수 있으니 이렇게 가성비 좋은 수익 활동을 크리에이터들이 마다할 리 없다.

가성비가 좋다는 이유 말고도 많은 크리에이터가 유튜브 인플루언서 마케팅의 파트너가 되고 싶어 하는 이유는 커리어에 대한 불안감 때문이다. 쉽게 말해 언제까지 크리에이터 활동을 할 수 있을지 알 수 없기에 기회가 왔을 때 바짝 수익을 올리려는 심리가 작용한다. 채널 조회 수는 언제든 내려갈 수 있고, 갑자기 예기치 못한 사건이나 사고로 구독자가 빠져나갈 수도 있다. 더 재밌는 크리에이터가 나타나면 시청자들이 그쪽으로 몰려갈 수도 있고, 아이디어가 고갈되어 더 이상 기발한 영상을 올리지 못하게 되는 상황이 올 수도 있다. 특히 갑자기 인기를 얻은 크리에이터일수록 그 인기가 오래 가지 않을 수 있다는 불안감에 '물 들어 왔을 때 노를 저어야 한다'는 마음으로 다양한 광고 사업 기회를 적극적으로 추진하고자 한다.

물론 여기에는 반대 급부가 존재한다. 협찬 영상을 자주 올리면 시청자들이 '또 광고 영상이네'라면서 거부감을 드러내기 때문이다. 심한 경우 구독을 취소하거나 시청을 끊는 경우도 있다. 이러한 우려 때문에 많은 크리에이터들은 가성비가 좋고 돈이 되는 것을 알면서도 협찬 광고 진행을 주저한다. '이런 광고라면 얼마든지 해주세요', '광고 더 많이 하시고 돈 많이 버세요'라고 응원해주는 반응도 있지만 어떤 크리에이터든 광고를 진행할 때 시청자의 눈치를 보지 않을 수 없다. 결론적으로 말하면, 크리에이터 입장에서 유튜브 인플루언서 마케팅은 돈을 벌 수 있을 때 바짝 벌고자 하는 심리와 시청자에게 광고 시청 부담을 주지 않으려는 심리가 공존하는 딜레마 속에 그 복잡함과 어려움이 담겨 있다고 볼 수 있다.

결국 창작의 즐거움이 있어야
오래 간다

앞서 크리에이터의 제작 동기로는 구독자로 대변되는 명성과 다양한 종류의 광고 수입으로 대변되는 부가 있다고 언급했다. 그러나 뭐니 뭐니 해도 크리에이터가 콘텐츠 제작자로서 근본적으로 갖고 있는 동기는 창작의 즐거움일 것이다. 부와 명예를 떠나 창작의 즐거움만 있어도 유튜브 크리에이터는 꽤 할 만한 일이다. 그리고 실제로 많은 크리에이터가 그냥 영상을 만드는 게 재미있어서 크리에이터 활동을 시작했고 현재도 이어간다고 고백한다. 결국 크리에이터라는 이름이 본래 갖고 있는 '창작자'의 본분을 유지하는 것이 크리에이터 활동을 지속하게 하는 원동력이라 하겠다.

하지만 무슨 일이든 오래하면 매너리즘에 빠지기 쉽다. 처음 시작할 때만큼의 열정이 나오지 않고, 새로운 아이디어도 잘 떠오르지 않고, 조회 수와 시청자 반응이 주는 스트레스에 몸과 마음이 지친다. 그러면 어느새 습관적으로 영상을 만들고 있음을 발견하게 된다. 영상을 만들고 싶어서라기보다 영상을 올리지 않으면 욕을 먹으니 억지로 영상을 올리는 일도 생긴다. 잠시 채널을 쉬고 싶지만 그랬을 경우 다시 돌아왔을 때 구독자 수가 확 떨어져 있을 것 같은 막연한 불안감에 그들은 이도 저도 하지 못한다.

크리에이터가 꾸준한 활동을 하기 위해서는 창작의 즐거움을 느낄 수 있는 환경 조성이 필요하다. 필요하면 휴식기를 가질 수 있는 여건도 만들어야 한다. 자기 채널에는 영상을 올리지 않더라도 다른 유튜브 채널에 게스트로 출연하는 방법도 있고, 미리 영상을 만들어놓고 쉬는 것도 방법이다. 편집에 너무 많은 시간을 들이고 있다면 편집자를 고용해 자신은 기획에 시간을 좀 더 많이 쏟거나 소속사 혹은 외부 제작팀과 협업해서 새로운 제작 환경을 만드는 것도 필요하다. 넓고 넓은 창작의 지평이 있는데 자칫 그동안 자신이 해오던 창작 스타일만 고집하며 변화하려 하지 않는다면 성장은 고사하고 채널이 쇠락의 길로 접어들 수 있다.

드물기는 하지만 유튜브 인플루언서 마케팅이 크리에이터에게 새로운 창작의 기회와 자극을 줄 수 있다. 크리에이터가 광고주로부터 받은 광고 제작비를 과감하게 영상 제작비에 재투자하거나 별도로 제작비를 요청해서 받은 경우에 해당하는 이야기다.

예를 들어 평소 10만 원어치 정도의 음식을 구매해 먹방을 찍는 크리에이터가 광고 협찬이 들어왔을 때 수백만 원어치의 음식을 구매해 여러 사람과 나누어 먹는 먹방을 찍을 수 있다.[18] 또는 방에서 카메라 한 대 놓고 영상을 찍는 크리에이터가 광고 제작비를 별도로 받아 제작팀과 함께 평소에 해보지 못했던 기획 예능 영상을 만들 수도 있다.[19]

유튜브 인플루언서 마케팅은 기본적으로 크리에이터가 가진 기존 제작 능력과 방식을 구매하는 것이다. 하지만 때로는 크리에이터들에게 새로운 제작의 기회를 제공하는 이런 방식이 크리에이터들에게는 새로운 자극과 동기부여를, 시청자들에게는 새로운 만족감을 선사할 수 있다. 이 경우, 크리에이터에게 새로운 기회를 제공한 광고주에 대한 호감도도 당연히 높아진다.

이처럼 다양한 끼와 재능을 갖고 있는 크리에이터와의 협업에서 제작의 지평을 넓히는 기회를 주는 것이 크리에이터와 광고주 모두에게 윈윈하는 결과를 가져다줄 수 있다.

팬덤을 만드는 채널의
세 가지 특징

지금까지 유튜브 인기 트렌드를 파악하는 방법을 알아보고 여섯 가지 유튜브 시청 감성과 크리에이터의 세 가지 제작 동기를 살펴봤다. 그럼 다시 첫 질문으로 돌아가자. '저마다 크고 작은 인기를 얻고 있는 크리에이터의 영상이 어떻게 수많은 시청자를 끌어당기고 있는걸까?' 유튜브에 볼 것이 차고 넘치는데 특정 크리에이터 채널을 꾸준히 시청한다는 것은 분명 채널 고유의 어떤 끌림이 있기 때문이다. 이를 채널의 매력이라 부르기로 하고, 이 장에서는 크리에이터 채널의 매력으로 어떠한 것들이 있는지 이야기해보겠다.

먼저 유튜브 시청 감성과 채널의 매력이 서로 어떻게 다른지 짚고 넘어갈 필요가 있다. 앞서 대리 만족이라는 시청 감성을 예로 들어보자. 먹방을 보는 20대 여성의 시청 감성은 대리 만족에 가깝다. 크리에이터가 맛있게 많은 양의 음식을 먹는 것을 보면서 대리 포만감을 느끼는 것이다. 그런데 수많은 먹방 채널 중에 어떤 채널의 영상을 볼지 선택하고 특정 채널을 좋아하게 되는 것은 채널의 매력과 관련 있다. 어떤 채널은 크리에이터가 신기할 정도로 많이 먹고[20], 어떤 채널은 메뉴 구성이 특이하며[21], 또 다른 어떤 채널은 영상 편집을 잘한다[22]. 이 세 가지 채널은 대리 만족이라는 같은 유튜브 감성을 자극하지만 채널이 가진 매력은 서로 다르다. 채널의 매력은 크게 인물, 주제, 영상으로 나눠볼 수 있는데, 이를 다음에서 더 구체적으로 살펴보도록 하자.

인물의 매력:
충성 팬들의 열렬한 지지

인물의 매력은 채널의 화자가 갖고 있는 모든 매력 요소를 포함한다. 외모에만 국한된 것은 아니다. 목소리가 좋고, 말을 재밌게 잘하고, 또박또박 발음을 잘하고, 그림을 잘 그리고, 노래를 잘하고,

엄청난 양의 음식을
먹는 먹방.

▶ 출처: 유튜브 '까니짱
[G-NI]'

색종이라는 메뉴를
선택한 먹방.

▶ 출처: 유튜브 '떵개떵'

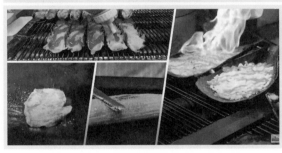

화려한 영상 편집이
돋보이는 먹방

▶ 출처: 유튜브 '하얀트
리HayanTree'

요리를 잘하고, 음식을 잘 먹고, 물건을 잘 만들고, 성대모사를 잘
하고, 연기를 잘하는 것 등 수많은 요소가 인물의 매력에 포함된다.
타고났든 후천적으로 노력한 것이든 이는 모두 사람을 매력적으로 보이게 하는 '재능talent'의 영역이다. 으레 사람들은 남다른 재능을 가진 사람을 보면 그 재능에 감탄하고, 그것을 보고 즐기며, 심지어는 우러러보게 된다. 유튜브 시청자도 마찬가지다. 그들은 크리에이터들의 재능에 감탄하고 우러러보는 마음으로 채널을 구독한다.

'임다TV'라는 채널을 운영하는 크리에이터 임다[23]는 전문 레크레이션 경력을 가진 데다 재치 있는 입담과 순발력, 비트박스 등의 음악적 재능까지 겸비해 시청자와 소통하는 토크 방송에서 그 재능을 유감없이 드러낸다. 크리에이터 임한올[24]은 타고난 목소리 재주꾼으로, 일찌감치 게임 캐릭터 성대모사로 주목받으면서 유튜브 채널을 시작했다. 그녀는 완벽에 가까운 영어 발음과 세세한 부분까지 살리는 탐구력, 실제 상황이라 착각하게 만드는 연기력으로 많은 사랑을 받고 있다. 게임 크리에이터 김블루[25]는 게임 실력도 뛰어나지만 이에 더해 낮게 깔리는 좋은 목소리를 갖고 있어 많은 이의 호감을 사고, 시청자를 향한 애정과 배려심을 자주 표현해 충성 팬의 열렬한 지지를 받고 있는 크리에이터다.

유튜브 인플루언서 마케팅을 하려고 하면 수많은 크리에이터를 직접 찾아보거나 추천을 받게 될 텐데, 대부분 구독자 수와 조회수, 시청 연령, 채널 주제와 같은 기초 정보만 정리하곤 한다. 하지만 여기에 더해 인물의 매력이 무엇인지 꼭 파악해볼 필요가 있다. 만약 크리에이터와 광고 영상을 제작했는데 크리에이터 고유의 매력이 나타나지 않았다면 그 영상은 실패할 가능성이 높다. 유튜브 인플루언서 마케팅은 크리에이터가 기록한 '조회 수'를 구매하기 이전에 '인물의 매력'을 구매하는 것임을 기억하기 바란다.

26

주제의 매력:
흥미 유발로 사람을 끌어모으다

주제의 매력은 영상을 '기획'하는 데서 나타나는 매력을 일컫는다. 시청자가 궁금해할 주제를 잘 뽑는 것, 영상의 기승전결을 잘 구성하는 것, 풍자적 요소를 넣는 것, 섭외를 잘하는 것, 적절한 반전 요소를 넣는 것 등이 이에 해당한다. 크리에이터가 훌륭한 재능을 갖고 있어도 좋은 기획을 만나지 못하면 사람들의 이목을 끌 수 없다. 쉬운 말로 재능을 썩히는 일이 발생할 수 있다. 반대로 특출난 재능이 없어도 뛰어난 기획력이 있다면 시청자에게 재미와 감동을 줄 수 있다. 대표적으로 크리에이터 영국남자[26] 채널이 꾸준히 인기를 끄는 이유가 바로 이 뛰어난 기획력 때문이라 말하고 싶다. 채널을 처음 보는 사람은 채널의 주 화자인 조시의 수려한 외모와 유창한 한국어에 감탄하겠지만 영상을 여러 편 보다 보면 흥미로운 주제를 뽑아내는 이들의 기획력에 감탄하게 된다. 크리에이터 유병재 채널도 유병재 개인의 재능을 드러내기보다 새로운 즐거움을 발굴하는 기획 채널의 성격이 더 강하다고 볼 수 있다.[27]

기획력이 주요 매력인 크리에이터일수록 유튜브 인플루언서 마케팅을 진행하는 데 다소 어려움이 있다. 영상 기획에 대한 주관이 강해 협의 과정이 순탄하지 않기 때문인데, 이들은 시청자들이 기획력을 보고 채널을 찾아온다는 것을 너무 잘 알기에 자칫 광고주와의 협의 과정에서 기획이 흐트러져 구독자들이 실망할까 우려한다. 이런 크리에이터들은 광고주의 요구 사항도 잘 살리면서 자기 고유의 기획적 색깔을 유지하는 것이 관건이기 때문에 이를 잘 고려해 협업할 필요가 있다.

반면 인물의 재능, 즉 본인 캐릭터 자체가 주요 매력인 크리에이터인 경우, 비교적 광고 기획에 유연한 모습을 보인다. 그들의 재능을 드러낼 만한 환경이 최우선으로 고려되기 때문인데, 모든 경우에 해당하는 것은 아니고 대체로 그렇다는 점을 알아두길 바란다.

영상의 매력:
기획과 인물에 화룡점정을 찍다

영상의 매력은 보여지는 화면뿐 아니라 연출과 제작 관점에서의 매력까지 포함한다. 사물을 예쁘고 선명하게 담아내는 것, 상황에 맞는 음악을 적절히 사용하는 것, 위트 있는 자막으로 시청의 즐거움을 더하는 것, 역동적인 편집과 화면 구성 등이 모두 이에 해당한다. 특출난 재능이나 기획력이 없이 좋은 영상을 만드는 능력만으로도 충분한 매력을 주는 채널이 없진 않겠지만, 사실 나는 그런 채널을 거의 보지 못했다. 영상미가 좋은데 조회 수가 높다는 것은 기획이 기본적으로 좋은 경우가 많았다. 따라서 이 영상의 매력은 앞서 인물의 매력과 기획의 매력을 기반으로 할 경우에 빛이 난다고 말하고 싶다.

 28
 29

　파뿌리 채널[28]은 24시간 대결 콘텐츠인 '파뿌리 24', 반지하 셋방살이를 담은 모큐멘터리 '땅굴라이프' 등 참신한 기획력으로 많은 인기를 끌고 있는 채널인데, 역동적인 편집으로 콘텐츠에 생기를 더해 채널의 매력을 배가시켰다. '캠핑한끼'라는 채널[29]은 마치 캠핑을 나온 것 같은 실감나는 대리 만족감을 주면서도 자연의 소리와 음식을 만들어 먹는 소리로 휴식의 감성을 제공하는 채널이다. 이런 곳이 있을까 싶은 장소와 그 장소에 딱 어울리는 음식을 선정하는 기획력도 기획력이지만, 이를 멋지게 담아내는 영상미가 화룡점정의 역할을 한다고 볼 수 있다.

　유튜브 인플루언서 마케팅을 위해 크리에이터를 섭외할 때 영상의 매력은 '덤'이다. 있으면 좋지만 핵심은 아니라는 의미다. 크리에이터에게 어울리지 않는 영상 옷을 입히다가 원래 갖고 있던 인물과 주제의 매력이 희석될 수 있기 때문에 잘못 활용하면 독이 될 수도 있다. 허나 크리에이터 채널이 갖고 있는 본질적 매력을 해치지 않는 선에서 영상의 매력을 높이는 것은 얼마든지 권장하는 사항이다. 잘 구현한다면 앞서 크리에이터의 제작 동기에서 말했던 것처럼 크리에이터는 새로운 창작에 도전하고, 시청자는 채널의 새로운 매력을 발견할 수 있기에 크리에이터, 시청자, 광고주 모두가 만족하는 결과를 만들어낼 수도 있다.

1부를 마치며

유튜브를 많이 보기만 한다고 트렌드를 파악할 수 있는 것은 아니다. 자신이 보던 영상 중심으로 추천되기 때문이다. 탐색 탭의 인기 영상 목록이나 크리에이터 관련 기사, 나무위키와 같이 집단 지성으로 요약한 크리에이터 정보, 검색 트렌드 등을 적절히 활용해야 자신에게 평소 추천되지 않은 유튜브 채널에 대한 정보를 다양하게 얻을 수 있다. 그리고 숫자 이면의 감성도 볼 수 있어야 한다. 왜 이 크리에이터가 인기 있는지, 수많은 영상들 중에서 왜 이 영상이 특별히 주목을 받았는지 공감할 수 있어야 한다. 1부에서 소개한 보편적 감성과 제작 동기, 채널의 매력을 중심으로 크리에이터에 대한 입체적인 이해를 높여 나가기 바란다.

크리에이터가 원하는 것은 관심이요, 두려워하는 것은 외면이다. 그리고 그들은 매번 영상을 올릴 때마다 구독자의 외면을 받지 않을까 노심초사한다. 한편, 따뜻한 댓글 한 마디에 힘을 얻는다. 그러므로 이들과 협업할 때 이러한 긴장감을 이해한다면 더욱 좋은 결과를 얻을 수 있을 것이다. 크리에이터를 하나의 매체로만 볼 것이 아니라 사람으로 바라보기를 권한다. 메시지 전달자가 아니라 메시지 가공자로서 이들이 마케팅 메시지를 자신에게 편한 방식으로 채널에 담아낼 수 있도록 배려해줄 것을 권한다. 고객의 마음을 이해해야 좋은 세일즈를 할 수 있듯이 크리에이터의 고객인 시청자의 마음까지 헤아리는 브랜드가 성공적인 유튜브 인플루언서 마케팅의 첫발을 뗄 수 있다.

YouTube

2부

까칠한 소비자들을 무장해제시키는 비밀

: 왜 유튜브 인플루언서 마케팅인가

Marketing

사람들이 크리에이터 영상을 왜 보는지에 대한 이해가 높아졌다면 이제 크리에이터를 통해 마케팅 메시지를 전하는 유튜브 인플루언서 마케팅을 왜 해야 하는지 본격적으로 이야기하겠다. 거시적인 미디어 환경의 변화에 따라 새로운 마케팅 기법을 도입해야 한다고 말할 수 있겠지만 여기서는 보다 구체적인 명분을 제공하고자 한다. 기업과 정부 등 마케팅 예산을 사용하는 입장에서 왜 크리에이터와 협업해야 하는지 확실히 알아야 올바른 의사결정을 할 수 있고, 실무를 원활히 진행할 수 있기 때문이다. 그저 '남들이 다 하니까 우리도 한번 해보자'가 아니라 왜 해야 하는지 그리고 어떻게 해야 이익이 되는지 정확한 이유를 알고 진행하기를 바란다.

유튜브 액츄얼리:
TV는 안 봐도 유튜브는 본다

2003년에 개봉한 영화 〈러브 액츄얼리〉를 많이 기억할 것이다. 영국을 배경으로 꼬마 아이부터 부인과 사별한 중년 남성까지 다양한 나이와 직업을 가진 사람들의 사랑 이야기를 옴니버스식으로 풀어낸 로맨틱 코미디 영화다. 주위를 둘러보면 사람들의 사랑 이야기로 가득하다는 메시지를 담은 이 영화의 제목은 'Love actually is all around us'라는 문장의 앞부분을 딴 것이다. 좀 더 직역하면 '사랑은 실제로 우리 주변에 널려 있다' 정도가 되겠다.

업이 업이다 보니 더욱 그렇게 느낄 수 있지만, 요즘 세상이 온통 유튜브 이야기로 가득해 보인다. 초등학생부터 어르신까지 유튜브 크리에이터가 되기 위해 도전한다. 유튜브 채널 제작을 알려주는 책이 넘쳐나고 유튜브 관련 강의도 수두룩하다. 지하철을 타면 유튜브 보는 사람을 쉽게 찾을 수 있고, 길거리에서 셀카봉을 들고 영상을 찍는 사람도 심심찮게 발견할 수 있으며, 친구들끼리 재밌는 유튜브 영상을 자주 공유한다. 저마다 시청하는 유튜브 영상은 다르지만, 분명한 건 유튜브가 정말로 우리 주변에 널려 있다는 사실이다. 유튜브 인플루언서 마케팅을 해야 하는 첫 번째 이유가 바로 이것이다. 'YouTube actually is all around us.'

없는 것 빼고
다 있다

사람들이 유튜브를 보는 첫 번째 이유는 볼 것이 많기 때문이다. 볼 것이 많은 이유는 영상을 만드는 사람이 많기 때문이다. 여기서 더 무서운 것은 영상을 만드는 사람이 기하급수적으로 늘어나고 있다는 사실이다. 이 글을 쓰는 오늘도 전 세계적으로 수백 개 혹은 수천 개의 신규 채널이 생기고 있다. 이미 유튜브는 수많은 크리에이터가 치열하게 경쟁하는 레드오션임을 부정할 수 없지만, 그렇다고 신규 크리에이터에게 전혀 기회가 없는 장은 아니다. 봉준호 감독으로 인해 유명해진 '가장 개인적인 것이 가장 창의적'이라는 말처럼 개인의 매력과 지식, 열정을 총동원하면 얼마든지 새롭고 창의적이며 인기 있는 채널을 만들어낼 수 있다.

실로 유튜브에는 없는 것이 없다고 해도 과언이 아닐 만큼 온갖 주제의 영상이 가득하다. 개인 크리에이터의 영역으로만 좁혀서 봐도 수많은 장르가 존재한다. 화장 잘하는 법, 옷 잘 입는 법, 운동 잘하는 법처럼 일상의 노하우를 알려주는 채널부터 영화 리뷰, 음악 리뷰, 도서 리뷰와 같이 콘텐츠를 해석해주는 채널, 성대모사, 노래, 춤, 그림 그리기와 같이 재능을 뽐내는 채널, 몰래 카메라, 콩트, 병맛 더빙과 같은 코미디 채널, 사연을 받거나 실시간 질문을 받아 답을 해주는 소통형 채널, 대학생의 일상, 직장인의 일상, 집순이의 일상 등과 같은 브이로그 채널, 신작 게임을 소개하거나 게임 공략법을 보여주는 게임 채널, 과학 상식, 법률 상식, 의학 상식을 알려주는 전문 지식 채널, 출연자들이 엉뚱한 미션을 수행하는 예능 채널, 먹고 마시는 먹방 채널, 여행의 즐거움을 담는 여행 채널, 궁금한 걸 파헤쳐보는 탐사 채널, 함께 공부하자며 실시간으로 공부하는 모습을 송출하는 공부 채널, 명상을 도와주는 명상 채널, 랜선 집사들이 사랑하는 반려 동물 채널 등 일일이 열거하기도 벅차다.

이렇게 무한해 보이는 장르에서 제작자가 꾸준히 늘어난다는 것은 그만큼 협업을 할 수 있는 크리에이터가 무한히 공급된다는 뜻이기도 하다. 기존에 유튜브 인플루언서 마케팅에 도전하고자 했지만 마음에 드는 크리에이터를 찾지 못해 보류한 마케터라면 이렇게 무한히 공급되는 신규 크리에이터에게 주목해보기 바란다. 이미 유명한 크리에이터와 협업하는 것도 좋지만 새로운 매력을 가진 신규 채널과 협업하는 것도 그 나름의 장점이 있다. 채널이 주는 신선함 때문에 같은 메시지라도 새로운 방식으로 포장되는 느낌을 줄 수 있고, 이제 막 뜨기 시작한 채널의 가치를 알아보고 협업을 일찌감치 제의했다는 사실만으로 해당 채널의 초기 시청자에게 호감을 줄 수 있다. '이 브랜드도 채널 보는 눈이 있구나'와 같은 감성 말이다.

하루 평균
한 시간 가까이 머무른다

와이즈앱의 2019년 8월 발표에 따르면 국내 유튜브 사용자는 약 3,300만 명, 이들이 1년 동안 유튜브 시청에 할애한 시간은 약 442억 분으로 집계되었다. 한 사람당 하루 평균 한 시간 가까이 유튜브를 이용한다는 것이다. 2018년과 비교하면 사용 시간이 40퍼센트

가까이 상승한 수치인데, 이와 같은 추세가 계속된다면 2020년에는 하루 평균 시청 시간이 한 시간은 거뜬히 넘을 것으로 예상한다.

해외에서는 어떨까. 구글은 2019년에 유튜브의 월간 사용자가 20억 명을 넘었고, 하루 시청 시간이 10억 시간을 넘었다고 발표했다. 하루 시청 시간이 10억 시간을 넘었다는 것은 한 달에 300억 시간을 넘었다는 이야기고, 이를 사용자 수로 나누면 20억 사용자가 한 달에 15시간, 하루 평균 30분 넘게 유튜브를 본다는 사실을 의미한다. 단일 플랫폼에서 20억 이상의 인구를 매일 30분 이상 머무르게 한다는 것은 실로 어마어마한 힘이다.

다시 한국으로 돌아와서 매일 한 시간씩 유튜브 영상을 본다고 했을 때, 몇 개의 영상을 평균 몇 분씩 볼까? 샌드박스 소속 채널을 샘플로 보았을 때 2019년 기준 영상 한 편당 평균 시청 시간은 약 4분이다. 한 시간을 4분으로 나누면 15개가 되니, 평균적으로 보자면 한 사람이 하루에 15개 정도의 영상을 시청하는 것으로 볼 수 있다.

그럼, 한 사람이 15개의 영상을 선택하기 전에 몇 개의 영상이 추천되었을까? 이것 역시 샌드박스 소속 채널을 샘플로 보면 약 200개의 영상이 추천되었을 때 15개 영상을 클릭해서 보는 것으로 나타났다. 즉, 하나의 영상을 보기 위해 평균 13개 정도의 영상을 검토한다는 뜻이다(썸네일 노출 대비 영상 클릭율 7.5퍼센트). 이를 종합해

보면 2019년 기준, 한국에서 유튜브 사용자 한 사람에게 4분의 시간을 얻기 위해서는 1차적으로 200개의 추천 영상 안에 들어가야 하고, 그 안에서 13 대 1의 경쟁을 뚫어야 함을 알 수 있다.

여기에서 유튜브 인플루언서 마케팅을 해야 하는 이유를 찾을 수 있다. 해당 광고 영상이 하루 평균 한 사람에게 추천되는 200개의 영상 목록 안에 포함되기 위해서다. 일단 추천에 포함되어야 클릭을 얻을 가능성이라도 있지, 추천이 되지 않으면 그 가능성조차 사라진다. 물론 영상 앞이나 중간에 붙는 광고로 강제 노출시키는 경우를 제외하고 말이다. 그런데 200개의 추천 영상은 유튜브 사용자마다 매우 다르다. 모두 그 사람의 시청 이력과 검색 이력 등을 바탕으로 추천해주기 때문이다. 따라서 저마다 달라도 너무 다른 200개의 추천 영상 안에 브랜드의 메시지가 담긴 영상을 포함시키기 위해서는 각 사용자들이 평소에 보는 영상에 자연스럽게 그 메시지를 녹여내는 것이 효과적이다. 그래야 높은 확률로 평소와 같이 추천될 것을 기대할 수 있다. 여기서는 시청자에게 도달하기 위해 200개의 관문과 15개의 관문이 있음을 기억하고 다음을 이야기해보자.

영상의 수명이
길다

유튜브 영상은 다른 미디어 영상에 비해 그 수명이 꽤 길다. 한번 올려두면 조회 수가 오래오래 쌓인다. 조회 수가 애초에 많이 나오지 않았던 영상은 어느 시점부터 일일 조회 수가 0에 가깝게 나오겠지만, 조회 수가 몇 십만 혹은 몇 백만씩 나왔던 영상은 매일 꾸준히 조회 수가 오른다. 수명이 긴 것을 넘어 거의 불멸에 가깝다고 할 정도다. 어떻게 이런 현상이 일어날 수 있는 걸까?

서점에 가면 신간 베스트셀러와 꾸준히 팔리는 스테디셀러가 함께 진열되어 있듯이 유튜브 추천도 따끈따끈한 신규 영상과 이미 검증된 과거 영상이 섞여서 이뤄진다. 사실 신규와 과거를 따지는 것은 업로드를 한 사람 중심이고, 시청자 입장에서 아직 보지 않은 영상이라면 모두 신규 영상이다. 따라서 유튜브는 신규와 과거 상관없이 나의 시청 이력을 기반으로 내가 클릭할 것 같은 영상을 추천해준다. 내가 최근에 장삐쭈 영상을 시청하기 시작한 시청자라면 장삐쭈의 과거 영상을 이따금씩 추천해줄 것이고, 또 장삐쭈 채널 시청자가 좋아하는 또 다른 채널의 과거 영상도 추천해줄 것이다. 이처럼 유튜브는 업로드된 지 오래된 영상이라 하더라도 클릭을 할 것 같은 새로운 시청자에게 꾸준히 추천을 해준다.

한편, 봤던 영상을 또 보려는 심리도 과거 영상의 조회 수를 올리는 원인이 된다. 유튜브 최초로 20억 조회 수를 넘은 〈강남 스타일〉 뮤직비디오는 2020년 5월 기준, 36억 회가 넘는 조회 수를 기록하고 있다. 새로운 사람이 보는 수요도 있겠지만 '2020년에 또 보러 온 사람?'과 같은 댓글 반응에서 쉽게 유추할 수 있듯이 이따금씩 생각나서 다시 영상을 찾은 사람이 많다는 것을 알 수 있다. 이는 결코 〈강남 스타일〉 뮤직비디오에만 발생하는 현상은 아니며, 일반 크리에이터 영상에서도 흔히 찾아볼 수 있는 일이다.

유튜브 인플루언서 마케팅을 통해 크리에이터와 함께 만든 영상도 그렇다. 장삐쭈 채널에 올라간 콜롬비아나 협찬 영상[1]은 2017년 11월에 업로드했는데, 석 달 만에 600만 조회 수가 나와 당시 협찬 광고 영상 중에 가장 바이럴이 잘된 영상으로 주목받았다. 그런데

크리에이터 장삐쭈의 콜롬비아나 협찬 영상, 업로드된 지 이미 2년 6개월이 지났지만 지금도 한 달 조회 수가 10만 회 이상 나오고 있다.

▶ 출처: 유튜브 '장삐쭈'

여기서 끝이 아니라 이 영상은 지금도 한 달 조회 수가 10만 회 이상씩 나오는 스테디셀러가 되어 2020년 5월 기준 1,100만 회를 넘고 있다. 일부는 신규 시청자이고 일부는 중복 시청자이겠지만 어쨌든 광고로 만든 영상도 꾸준히 유튜브 추천과 검색을 통해 죽지 않고 우리 주위를 맴돈다는 것을 알 수 있다.

이 장을 마무리하며 다시 떠올려본다. 'YouTube actually is all around us.' 크리에이터는 새로운 이야기로 시청자에게 더욱더 가까이 다가가고, 또 잘 만든 영상은 오래도록 시청자 곁에 머문다. 유튜브 인플루언서 마케팅은 바로 이 기회를 포착하는 것이다.

아바타:
광고를 거부감 없는 것으로 만들다

2009년 말 개봉한 영화 〈아바타〉는 지구 밖 행성에서 벌어지는 인간과 행성 원주민의 갈등을 그린 SF 영화다. 영화 속 인류는 '판도라'라 불리는 행성에서 자신들에게 필요한 자원을 채취하기 위해 원주민인 나비족과의 소통을 시도했고, 이를 위해 인간과 나비족의 DNA를 혼합한 인공 육체를 만들어 그들에게 최대한 거부감 없이 다가가려는 모습을 보인다. 유튜브 인플루언서 마케팅을 생각하다가 〈러브 액츄얼리〉에 이어 영화 〈아바타〉가 뜬금없이 떠오른 것은 바로 이 '거부감을 줄이려는 소통 시도'라는 점 때문이었다.

억지로 광고를 보고 싶은 사람은
아무도 없다

유튜브에서 광고를 하려는 기업은 기본적으로 영상 앞과 중간에 강제로 노출되는 광고를 택한다. 하지만 아무리 광고 타깃을 잘 설정하고 영상을 재미있게 만든다 해도 이러한 강제 노출형 광고는 유튜브 영상을 시청하는 데 방해물일 수밖에 없다. 그래서 보려던 영상을 빨리 보기 위해 많은 사용자들이 광고 건너뛰기를 누른다. 광고주로서는 30초 이전에 종료된 광고에 대해서는 광고비를 내지 않기 때문에 부담이 없기는 하다. 하지만 광고를 집행한다는 것 자체가 '메시지를 전달'하고자 했던 일이기 때문에 사용자가 해당 광고를 30초 이상 시청해줄 때까지 수차례 강제 노출을 해야만 한다. 사람의 대화로 보면 마치 이성에게 거절당할 줄 알면서도 마음에 드는 여러 이성에게 다가가 연락처를 알아내려는 모습과 유사하다. 한편, 이러한 헌팅에도 절대 연락처를 주지 않는 철벽남과 철벽녀가 있듯, 유튜브에도 광고에 있어 철벽을 치는 사용자군이 존재한다. 바로 월정액 요금을 내는 대신 영상 앞이나 중간에 노출되는 광고 일체를 보지 않는 '유튜브 프리미엄' 사용자다. 그들은 유튜브 오리지널 콘텐츠를 무료로 제공받거나 다른 앱을 실행하면서도 유튜브 영상을 재생시킬 수 있다는 백그라운드 동작 기능도 사용할 수 있다. 하지만 유튜브 프리미엄을 이용하면서 그들이 느끼는 가장 좋은 점은 뭐니 뭐니 해도 광고를 보지 않아도 되는 '애드프리 AD-Free' 서비스에 있다고 하겠다.

2019년 말 방송통신위원회 조사에 따르면 국내 총 254만 명의 유튜브 가입자 중에서 116만 명이 유튜브 프리미엄 서비스를 한 달 무료 체험한 후에 유료로 전환한 것으로 나타났다. 프리미엄 서비스를 선택하는 이유는 복합적이지만, 결과만 두고 의미를 살펴보면 약 100만 명의 유튜브 사용자에게는 강제 노출형 광고로 어필하기 어렵다고 볼 수 있다.

'안물안궁', '물어보지도 않았고 궁금하지도 않다'는 의미의 이 줄임말은 범람하는 광고의 홍수 속 시청자의 마음을 대변하는 말이기도 하다. 시청자에게 있어 광고는 그야말로 안물안궁한 이야기다. 그래서 쓸데없이 말이 많은 사람에게 '안물안궁'이라 말하며 상대의 말하기를 거부하는 것처럼 시청자들도 원치 않는 광고를 접하면 거부 반응을 보인다. 광고에서 눈길을 거두거나 '건너뛰는' 것이다. 그뿐 아니라 보다 적극적으로 일정 금액을 내고 아예 광고를 차단할 수도 있다.

시청자들에게 마케팅 메시지를 전달하는 일은 점점 더 어려워지고 있다. 이런 환경 속에서 유튜브 인플루언서 마케팅은 비교적 거부감 없이 시청자와 소통할 수 있는 통로가 되어준다. 광고가 콘텐

츠와 분리되어 있지 않고 원래 보려고 했던 콘텐츠 안에 녹아들어
가 있기 때문이다. 크리에이터의 영상에 광고 메시지가 들어가면
크리에이터의 영상 시청을 아예 중단하지 않는 이상 광고를 건너
뛰기 할 수 없고, 유튜브 프리미엄 사용자에게도 똑같이 노출된다.
최소한의 대화를 틀 수 있다는 점에서 유튜브 인플루언서 마케팅
은 큰 강점이 있다. 생각해보라. 길거리 헌팅 상황에서 낯선 사람과
는 절대 대화를 섞지 않는 사람도 친구가 소개해주는 사람과는 최
소한 몇 마디의 대화라도 하지 않던가.

'경계의 시간'을
'기대의 시간'으로

다시 영화 〈아바타〉로 잠시 돌아가보자. 영화에 나오는 원주민 '나
비족'은 인간에 대한 강한 거부감을 갖고 있다. 자신들의 보금자리
를 파괴하려는 주체로 보기 때문이다. 그렇기 때문에 나비족들과
소통을 시도할 때 인간은 나비족의 모습과 닮은 '아바타'를 이용한
다. 아바타의 모습을 했다 하더라도 나비족들은 초반에 경계하는
모습을 보인다. 그러다 함께 시간을 보내면서 조금씩 경계를 풀고
서로를 이해하는 과정을 거친다.

유튜브 광고도 이와 닮아 있다. 일반적인 노출형 유튜브 광고를 제작하려면 따라야 할 보편적 지침이 하나 있는데 바로 '처음 5초 안에 흥미를 끌어야 한다'는 것이다. 영상의 처음 5초는 시청자 입장에서 건너뛰기 버튼이 활성화되기까지 기다리는 일종의 '경계의 시간'이다. 광고를 건너뛰지 않고 더 볼지 아니면 바로 건너뛸지 정하는 '결정의 시간'이기도 하다. 광고가 5초 안에 충분히 흥미를 유발했다면 시청자는 경계심을 풀고 광고에 몰입하게 된다. 반면, 흥미를 끌지 못했다면 경계심이 유지된 채 광고를 거부하는 버튼을 누른다. 이처럼 일반적인 유튜브 영상 광고는 건너뛰기 버튼 위에 손을 올리고 있는 시청자가 심사위원인 냉혹한 평가의 장이라 할 수 있다.

유튜브 인플루언서 마케팅은 오히려 반대다. 평소 구독하거나 즐겨 보던 채널의 영상을 클릭했을 때 접하는 크리에이터 영상의 처음 5초는 '기대의 시간'이다. 특히 새로운 영상이 올라오길 기다렸다가 시청하는 경우라면 더욱 그렇다. 광고와 마찬가지로 초반부에 흥미를 끌지 못했다면 뒤로 가기 버튼을 누르거나 다른 추천 영상을 찾아보게 되겠지만 일반 광고를 접할 때의 경계심과는 사뭇 다른 지점이 있다. 평소 즐겨 보지 않던 채널이라 하더라도 클릭을 했다는 것은 분명 제목이나 미리보기 이미지에 끌렸기 때문이고 그런 이유로 영상에 대해 어느 정도 기대하는 마음을 갖게 된다.

일반적인 유튜브 광고와 유튜브 인플루언서 마케팅의 근본적인 차이가 바로 이 처음 5초에 있다. 이 5초에 따라 영상 제작에 관한 주안점이 달라진다. '경계의 시간'을 이겨낼 것인가, 아니면 '기대의 시간'에 올라탈 것인가. 구체적으로 말하면 일반적인 유튜브 광고의 경우, 시청자가 경계심을 갖고 브랜드를 접하는 상황이기에 건너뛰기 버튼을 누르지 않도록 영상을 제작해야 한다. 유튜브 인플루언서 마케팅의 경우, 시청자가 기대감을 갖고 콘텐츠를 접하는 상황이기에 브랜드가 노출되는 순간에 거부감이 들지 않도록 영상을 제작해야 한다. 당연히 난이도 면에서 후자가 더 용이하다. 부정을 긍정으로 바꾸는 것보다는 긍정을 긍정으로 유지하는 것이 더 쉬울 테니 말이다.

그들의 언어로 말해야 들을 수 있다

〈아바타〉 속 나비족은 가상의 언어인 '나비어'를 사용한다. '네이트리'라는 이름의 나비족 여주인공은 영어와 나비어를 동시에 구사하며 통역사 역할을 한다. 또 네이트리의 어머니이자 나비족의 정신적 지주 역할을 하는 '차히크'는 부족 모두가 동의할 수밖에 없는 어떤 신호를 보내는 존재다. 남주인공 '셜리'가 나비족에 입성할 수 있었던 이유도 이 신호를 받았기 때문이다. 또한 정체가 탄로 나서 추방당했던 '셜리'는 이후 '토루크막토'라는 거대한 새와 교감하는 모습을 보여 다시 나비족의 신뢰를 얻는 데 성공한다.

새로운 집단과 소통하기 위해서는 그들의 언어로 말해야 하고, 새로운 집단의 신뢰를 얻기 위해서는 그들이 신뢰하는 이의 인정을 받아야 한다. 유튜브 마케팅에서도 비슷하다. 유튜브 문법에 맞춘 언어가 필요하고, 유튜브 시청자들이 많이 신뢰하는 이들의 인정이 필요하다. 그리고 바로 이것이 유튜브 인플루언서 마케팅을 통해 한 번에 기대할 수 있는 두 가지 이점이다. 왜냐하면 인기 크리에이터는 유튜브 문법을 잘 따르고 있거나 혹은 새로운 문법을 만들어가는 사람들이며, 동시에 많은 사람들의 지지와 신뢰를 받는 사람이기 때문이다.

그럼 여기서 말하는 유튜브 문법이란 무엇일까? 이는 유튜브 영상에서 쉽게 찾아볼 수 있는 영상 편집의 규칙 같은 것을 말한다. 누가 명문화한 규칙이라기보다 유튜브를 많이 보는 시청자들이 이질감 없이 받아들일 수 있는 익숙한 방식의 편집 스타일이라 보면 된다. 그 문법을 구성하는 요소로는 화면 구성, 화면 전환 방식, 효과음, 자막, 영상 길이와 전반적인 호흡 등이 포함된다고 하겠다. 앞서 1부에서 언급한 유튜브 감성이 영상의 내재적 요소에 관한 것이라면 유튜브 문법은 외형적 요소에 관한 것이라 할 수 있다. 비록 나는 제작자가 아니지만 지난 몇 년간 많은 유튜브 영상을 보면서 자연스럽게 습득한 '유튜브스러운' 제작 기법을 나름대로 정리해보면 다음과 같다.

빠른 편집 호흡

잠시라도 지루하면 유튜브 시청자는 채널을 이탈한다. TV에 비해 유튜브에서는 지루함을 견딜 수 있는 인내심이 더 약해진다. 따라서 많은 크리에이터들이 지루할 틈을 주지 않기 위해 장면 편집을 매우 짧게 한다. 일반 예능물이라 했을 때 2~3초 간격으로 화면이 뚝뚝 끊어지는 느낌으로 전환되고, 대사가 많지 않은 브이로그 영상이라도 5초 이내의 편집으로 화면을 자주 전환하며 시각적 자극을 준다. 화면이 바뀌지 않고 같은 사람이 말하더라도 단어 사이에 공백이 좀 길다 싶으면 이 역시 잘라낸다.

예를 들면 '안녕하세요. 김범휴입니다'라는 말에서 '안녕하세요'와 '김범휴입니다' 사이 시간을 0.5초에서 0.1초로 줄이는 편집을 한다는 얘기다. 이렇게 빠른 호흡을 가져가는 것이 단순히 지루함 때문만은 아니다. 유튜브 시청자가 유튜브 영상 하나에 평균 4분 정도 머문다고 볼 때, 빠른 호흡으로 영상을 편집해야 같은 시간 안에 최대한 많은 내용을 보여줄 수 있다. 지금 보고 있는 시청자가 언제 또 올지 모르고, 또 언제든 떠날 준비가 되어 있기에 크리에이터는 시청자를 조금이라도 더 붙들기 위해 빠른 호흡의 편집을 자연스럽게 채택하게 됐고, 이것이 보편적인 편집 문법으로 자리잡았다.

공감과 격식 파괴의 자막

빠른 호흡의 편집만으로 지루함을 달래기 부족할 때 시각적 자극과 긴장감을 더해주는 것이 바로 자막이다. 자막만 잘 달아도 TV 영상이 유튜브 문법을 갖춘 영상이 된다. 디스커버리 코리아에서 만든 유튜브 채널이 그 예다. 이 채널 영상들은 과거 TV에서 방영된 영상을 10분 남짓 길이로 편집한 후에 유튜브 시청자가 즐길 수 있는 스타일의 자막을 붙여 마치 원래 유튜브용으로 제작된 것 같은 모양새를 낸다.[2] 이렇게 옛 영상도 유튜브스럽게 만들어주는 유튜브 자막의 핵심은 공감과 격식 파괴에 있다.

우선 공감 측면을 살펴보면 연출자의 관점이 아니라 시청자 관점에서 공감을 이끌어내는 자막이 중요하다. KemiTV[3]는 기존에 방송된 TV 프로그램을 공유하는 유튜브 채널로 마치 친구와 함께 TV 프로그램을 보면서 미주알고주알 수다를 떠는 느낌을 준다. 이 채널은 자막을 통해 시청자에게 말을 걸면서, 혼자 보고 있지만 상호작용하고 있다는 착각을 불러일으켜 시청자가 외롭지 않게 보조한다.

격식 파괴형 자막을 유튜브 문법이라 한 것은 유튜브 감성 중 하

과거 TV에 방영된 영상을 재편집하고 자막을 붙여 유튜브 채널에 맞는 모양새를 냈다.

▶ 출처: 유튜브 '디스커버리 채널 코리아 - Discovery Korea'

유튜브에서는 짧은 시간에 시청자가 영상에 몰입할 수 있도록 다양한 격식 파괴형 자막이 시도된다.

▶ 출처: 유튜브 '라온스럽게 Be Like Raon Lee'

나로 지목했던 일탈감과 연결된다. 유튜브에서는 자막이 '이래도 되나' 싶을 정도로 자유분방하고 파격적이다. 등장인물의 산만한 손짓에 시청자의 시선이 간다면 손끝에 자막을 넣어 함께 춤추게 하기도 하고, 또 자음 'ㅇ'을 쓰는 대신 출연자의 동그란 입모양을 'ㅇ'처럼 쓰기도 하고, 공식 자막과 속마음 자막을 분리하는 자아분열 자막 등 다양한 격식 파괴가 시도된다.[4] 앞서 빠른 호흡의 편집과 마찬가지로 짧은 시간 안에 시청자를 영상에 빠르게 몰입시키기 위해 이 같은 자막 문법이 생겨나지 않았나 싶다.

인싸들만 알아보는 밈

유튜브 영상을 보다 보면 영화나 드라마의 유명한 장면들이 짧게 자료 화면처럼 등장할 때가 많다. 2019년 다시금 화제가 된 영화 〈타짜〉 속 곽철용의 대사 "묻고 떠블로 가."와 같은 장면 말이다. 곽철용의 대사처럼 인터넷상에서 복제되어 전파된 수많은 콘텐츠 조각들을 '밈meme'이라 하는데, 유튜브 영상은 그야말로 밈의 천국이라 해도 될 만큼 밈의 사용이 활발하다. 너무 당연한 이야기지만 적절한 밈의 사용은 영상에 공감과 재미를 더한다. 혼자 보는 유튜브지만 익숙한 밈이 등장할 때 생기는 이 공감의 감성이 외로움을 달래는 역할도 한다. 더불어 밈을 잘 알고 잘 사용하는 것이 일종의 '인싸(아웃사이더의 반대 개념인 인사이더의 줄임말) 감성'이기에 창작자의 인싸지수를 올려주는 역할도 한다. 그러다 보니 결론적으로 밈의 적재적소 활용이 영상의 양념으로서 유튜브 문법의 하나가 되었다고 볼 수 있다.

워너비:
닮고 싶고, 따라 하고 싶은 존재

유튜브 인플루언서 마케팅을 해야 하는 이유로 유튜브가 우리 삶
에 얼마나 넓게 퍼져 있는지와 간접 소통의 필요성을 언급했다. 세
번째로 말하고 싶은 주제는 바로 팬덤^{fandom}이다. 팬덤이란 같은 관
심사를 가진 사람들끼리 공유하는 문화적 행동 양식으로 인물이나
콘텐츠에 대한 집단적 관심과 애정 표현을 나타낼 때 쓰는 말이다.
예를 들어 한 가수의 앨범을 수백 장씩 사들이는 행위는 필요에 의
한 소비가 아니라 팬덤에 기반한 소비다. 누군가에게는 비상식적으
로 보이겠지만 사실 이와 같은 팬덤 소비가 없다면 지금과 같은 수

준의 문화 산업도 없을 거라 생각한다. 아이돌 가수뿐 아니라 스포츠 선수, 영화 배우, 애니메이션 작품, 드라마 시리즈 등 다양한 영역에서 팬덤에 기반한 문화적 소비가 일어나고 있고, 바로 이 팬덤 소비가 유튜브 크리에이터에게도 나타나고 있다. 그러면 이제부터 닮고 싶고 따라 하고 싶은 '워너비wannabe' 존재로서 크리에이터가 어떤 팬덤 소비를 일으키고 있는지 알아보자.

크리에이터의 영상을 보기 위해 기다린다

좋아하는 드라마가 있으면 빨리 다음 편이 기다려진다. 예능 프로도 마찬가지고, 웹툰이나 웹소설도 마찬가지다. 좋아하는 콘텐츠를 즐기기 위해 기다리는 마음은 매우 보편적인 감성이며, 이는 유튜브 크리에이터 영상에도 해당된다. 꾸준히 영상을 올리는 크리에이터는 보통 정해진 요일과 시간에 맞춰 영상을 올리고, 일부 시청자는 그 시간을 기다렸다가 영상이 올라오면 울리는 알림을 받고 바로 영상을 시청한다. 업로드 직후는 아니어도 세 시간 이내에 시청하는 사람들까지는 영상을 기다렸다고 볼 수 있다. TV로 치면 본방 사수 족인 셈이다.

그렇게 기다렸던 그들이 새로 업로드된 영상을 딱 보게 되었을 때 가장 먼저 드는 감정이 무엇일까? 바로 '반가움'이다. 대부분의 크리에이터 채널 영상은 '안녕하세요 반갑습니다', '여러분 안녕?', '안녕하세요 ○○입니다' 등 크리에이터 자신만의 고정적인 인사말로 시작한다. 정말로 반가운 표정을 지으면서 말이다. 이것은 수많은 채널 중에 자신의 채널을 찾아준 것에 대한 고마움과 처음 만나 반갑고, 또 만나서 반갑다는 마음이 섞여 있는 인사다. 따라서 이처럼 반갑게 인사하는 크리에이터를 기다리는 시청자의 마음은 친한 친구를 만나는 마음에 가깝다고 본다. 세 시간 이내에 영상을 찾아보는 본방 사수 족에게는 특히나 말이다.

이 반가움이 가진 긍정의 힘이 유튜브 인플루언서 마케팅의 또 다른 이점이다. 같은 말이라도 기분 좋을 때 듣는 느낌과 우울할 때 듣는 느낌이 다르다. 그래서 우리는 꺼내기 어려운 말을 하기 전에 상대방의 기분을 살핀다. 그런데 앞서 말한 것처럼 크리에이터 영상을 기다렸다가 보는 사람의 마음은 반가움과 기대감, 즉 긍정적인 감정으로 가득하다. 따라서 하기 어려운 말을 슬며시 꺼내기에도 최적의 순간이다. 기분이 좋으면 어려운 부탁도 흔쾌히 들어주는 것처럼 보고 싶었던 크리에이터의 영상을 보고 있으면 크리에이터가 상업적인 홍보를 잠깐 해도 거부감이 덜할 거라는 이야기다. 그런 의미에서 처음엔 반가웠는데 이내 광고 메시지를 전하는 모습에 그 반가움이 반감되는 일이 없도록 하는 것이 유튜브 인플루언서 마케팅의 묘미라 하겠다.

크리에이터가 쓰는
제품이 궁금하다

워너비 존재로서 크리에이터가 어떻게 팬덤 소비를 일으킬 수 있는 것일까. 화장을 잘하는 크리에이터의 영상을 보고 있으면 화장법 자체도 배울 수 있지만, 그렇게 화장을 잘하는 재능, 그 재능으로 영상을 찍어 올리는 크리에이터의 삶을 동경하게 된다. 그러한 동경심은 애초에 크리에이터의 영상으로 얻고자 했던 화장법에서 나아가 크리에이터가 향유하는 것들을 자신도 소유하고 싶은 마음으로 이어진다. 그 크리에이터는 어떤 브랜드의 옷을 즐겨 입는지, 휴대폰은 어떤 기종을 쓰는지, 화장대 위의 저 거울은 어디에서 샀는지 등이 궁금해지기 시작한다.

궁금하면 시청자들은 댓글을 통해 질문한다. 영상에 보이는 저 제품은 어떤 브랜드인지, 어디서 구매했는지, 심지어 얼마인지까지 묻는다. 그러면 크리에이터는 성심성의껏 대댓글을 달아주는데, 너무 반복적으로 같은 질문이 계속 들어올 경우 아예 영상 더보기 설명란에 제품 정보를 적어놓는다. 그리고 각 제품들을 어디서 구매할 수 있는지 링크까지 달아준다.

시청자가 크리에이터만큼 화장을 잘하거나 노래를 잘 부르거나 지식을 쌓을 수는 없어도 크리에이터가 실생활에서 사용하는 것을 따라 사는 것은 아주 고가의 제품이 아닌 이상 쉽게 따라 할 수 있는 것이다. 인기 아이돌의 멤버가 라이브 방송을 하던 중 의도치 않게 자신이 쓰는 섬유유연제가 노출되었는데, 바로 다음 날 그 브랜드의 섬유유연제 매출이 이례적으로 올랐다는 이야기가 바로 같은 맥락이다.

모방 심리를 작동시키는 워너비로서 크리에이터가 갖고 있는 이 영향력이 유튜브 인플루언서 마케팅을 놓치지 말아야 하는 이유다. 광고는 '안물안궁'의 대상이지만 워너비의 일상은 늘 궁금하고 그래서 계속 묻게 되는 대상이다. 비록 협찬을 받아 쓰는 제품이라 해도 마찬가지다. 크리에이터가 실제 사용하고 있다면 시청자들은 그 협찬 제품도 궁금해한다.

게다가 시청자들은 크리에이터들을 깊이 신뢰하기 때문에 협찬 제품에 대한 것이라도 크리에이터가 말하면 그 이야기에 귀 기울인다. 크리에이터가 좋지 않은 것을 좋다고 할 리 없다고 생각한다. 실제로 많은 크리에이터들이 협찬을 받은 제품에 대해 좋은 부분은 좋다고, 아쉬운 부분은 아쉽다고 솔직하게 말하는 편이다. 진정성 있는 소통이 유튜브의 감성에 더 잘 맞고 시청자와의 관계를 유지하는 데도 효과적이기 때문이다.

모든 크리에이터 채널이 워너비 속성을 갖고 있지는 않지만 채널 영상을 기다렸다가 보는 핵심 시청자는 크리에이터에 대한 호감과 닮으려는 심리가 있어 실제로 많은 구매 정보가 공유되고 있다. 이 점을 참고해서 이 기회를 마케팅에 잘 활용해보기 바란다.

크리에이터가 행동 양식에 영향을 미친다

인플루언서라는 말은 누군가에게 '영향을 끼치는 사람'이라는 뜻이다. 상업적으로만 보면 물건을 사고 싶게끔 만드는 영향력을 행사하는 것으로 좁혀서 생각할 수 있지만 넓게 보면 인생의 가치관과 습관까지 영향을 미친다. 한 여행 크리에이터와 이야기를 나눈 적이 있는데 '왜 여행 영상을 만들어 올리나'라는 질문에 자신의 영상을 통해 사람들이 낯선 문화에 도전하는 모험심을 길렀으면 좋겠다는 말을 해서 매우 인상 깊었던 기억이 있다. 실제로 시청자들이 댓글이나 개인 메시지로 자신의 영상을 본 후 떠나야겠다는 용기가 생겨서 여행을 다녀왔다는 소식을 알리는 일이 많다고 했다.

유튜브 크리에이터 채널은 대체로 꾸밈없는 자신의 생각과 모습을 드러낸다. 그렇기에 크리에이터가 갖고 있는 인성과 가치관이 영상에 자연스럽게 묻어나온다. 시청자와 생방송으로 소통하는 경우에는 더더욱 여과 없이 자신의 모습이 나올 가능성이 크다. 그러다 보니 가끔 잘못된 언행이나 행동으로 여론의 뭇매를 맞는 경우도 있다. 반대로 그러한 논란 없이 오랫동안 방송 및 제작 활동을 해온 크리에이터는 '인성갑', '매너갑' 등의 칭찬을 받으며 열렬하고 확고한 지지를 얻기도 한다.

워너비로서의 크리에이터는 분명 시청자의 소비자 행동에 영향을 미치는 힘이 있다. 집을 예쁘게 잘 가꾸는 크리에이터 영상을 즐겨 보는 사람은 자신의 방도 그와 비슷하게 꾸미고 싶은 욕구를 키운다. 다이어트 음식을 만들어 먹는 크리에이터 영상을 즐겨 보는 사람은 자신의 건강 관리에 더욱 신경 써야겠다는 동기부여를 얻는다. 이처럼 크리에이터 영상은 꾸준히 보았을 때 소비 행동 및 심리에 영향을 주는 경우가 많기에 그러한 심리를 자극하는 브랜드가 소개되면 강한 구매 영향력을 미칠 수 있다.

큐레이터:
눈높이에 맞춰 전문지식을 전달한다

크리에이터는 어떤 정보를 시청자에게 전달한다는 점에서 큐레이터 역할을 한다고 볼 수 있다. 큐레이션은 일정한 기준으로 정보를 취사선택하여 다른 사람에게 제공하는 행위를 말한다. 미술 영역에서는 전문 기획자들이 일정한 주제에 맞춰 좋은 작품들을 묶음 전시하는 것을 큐레이션이라 부르지만 디지털 환경에서는 누구나 검색을 통해 빠르게 정보를 취사선택할 수 있기에 비전문가의 정보 묶음 전달 행위도 큐레이션으로 본다. 그럼 이번에는 정보 큐레이션 관점에서 왜 유튜브 인플루언서 마케팅을 해야 하는지 알아보자.

크리에이터는
눈높이 선생님

진정한 배움은 스스로 이치를 터득하는 것이라는 데 반대할 사람은 없겠지만, 알아야 할 것도 많고, 알아두면 좋은 것도 너무 많은 이 복잡한 세상에서 나의 학습 시간을 크게 아껴줄 수 있는 사람이 있다면 비싼 수업료를 지불하고라도 그 사람에게 배우고자 할 것이다. 그렇기에 성인이 되어서도 사람들은 새로운 언어를 배우고, 운동을 배우고, 새로운 기술 등을 배우기 위해 수업료를 내가며 학습의 시간을 단축하고자 한다.

교육을 제공하는 사람 입장에서도 돈을 받고 하는 만큼 책임감을 갖고 지식, 지혜, 기술 등을 전수하기 위해 노력한다. 재능 교환처럼 서로 비용을 지불하지 않고 각자가 스승이자 동시에 학생이 되는 경우가 종종 있겠지만 대부분 학습은 배우는 사람이 지식을 전달하는 사람에게 일정한 배움의 비용을 지불하게 되어 있다.

너무 당연한 말이지만 배우는 사람 입장에서는 자신의 수준에 맞는 학습을 선택하는 것이 가장 중요하다. 마찬가지로 가르치는 사람 입장에서는 배우는 사람의 눈높이에 맞춰 교육을 제공하는 것이 중요하다. 또 가르치는 사람의 지식 수준이 같다 해도 이를 다른 사람에게 맞춰 설명하는 역량은 별개다. 어려운 개념도 쉽게 설명하는 사람이 있고, 재미없는 주제도 재미있게 풀어 설명하는 사람이 있다. 인기 강사로 불리는 사람들이 바로 대중의 눈높이에 맞춰 친절하고 재미있게 정보나 기술을 전달하는 능력을 갖췄다.

당연한 이야기를 이토록 길게 설명한 이유는 유튜브를 통한 학습의 강점이 위에서 언급한 두 가지 영역, 즉 학습 시간 단축을 위한 비용 지불과 수준별 맞춤 학습 영역에서 뚜렷하게 나타난다는 것을 설명하기 위해서다. 유튜브에는 수많은 지식 정보 영상이 존재한다. 집에서 운동하는 법, 요리하는 법, 고장 난 물건 고치는 법, 컴퓨터 프로그램 다루는 법, 피아노 치는 법 등 무궁무진하다. 대부분 개인이 올린 영상인데 이들이 공을 들여 자신의 지식을 유튜브에 공유하는 이유는 이게 직간접적으로 수익이 되기 때문이다. 조회 수가 잘 나오면 조회 수에 따른 광고 수익을, 구독자가 많아지면 협찬 수익을, 조회 수나 구독자에 상관없이 제품 공동 구매, 제품 직접 판매, 오프라인 강의 연결 등 다양한 사업 기회를 얻을 수 있다. 즉, 학습자 입장에서 당장 비용을 지불하지 않아도 누군가에 의해 잘 큐레이션된 정보 영상을 무한하게 얻을 수 있다는 것이 유튜브 정보 큐레이션 생태계의 특징이다.

이에 더해 눈높이 학습 관점에서 보면 유튜브 정보 큐레이션은 수준별 맞춤을 넘어 취향별 맞춤까지 가능하다는 점에서 강력하다. 정보의 공급자가 워낙 많기에 학습자 입장에서는 수많은 정보 큐레이터 중에 자신의 수준에 맞으면서도 재미와 매력을 느끼는 채널까지 찾을 수 있다.

이렇게 크리에이터와 시청자 사이에 저비용 구조로 수준별·취향별 정보 전달이 이뤄지고 있기에 브랜드는 이를 적극 활용할 필요가 있다. 소비자에게 브랜드 이미지가 아니라 제품과 서비스의 정확한 정보를 전달하고자 할 때 소비자의 수준에 맞는 눈높이 선생님이 필요하다. 수준도 맞을 뿐 아니라 매력도 넘치는 눈높이 선생님이라면 정보 전달의 효과가 높아지지 않겠는가. 이렇듯 유튜브 인플루언서 마케팅은 개인 취향에 따라 파편화된 정보 전달 환경에서 기업이 효과적으로 개인 맞춤형 정보 전달을 할 수 있는 통로를 마련해주고 있다.

4분을
머무르게 한다

유튜브 영상 중 가장 눈에 많이 띄는 유형의 제목이 있다. '~방법 일곱 가지', '필수 아이템 다섯 가지 추천', '~해야 하는 세 가지 이유'와 같은 일명 '몇 가지' 시리즈다. 비슷한 유형으로 어떤 주제에 대해 순위를 매기는 '차트' 시리즈도 자주 볼 수 있다. '인기 여행지

Top 10', '집값 순위', '올해 영화 순위' 등 선정 기준이나 출처에 대한 신뢰성은 다소 떨어지더라도 차트 소비 자체를 즐기는 시청자들에게 이 같은 순위 영상은 꾸준히 사랑받고 있다. 이 밖에도 경쟁 제품 두 가지를 비교하는 '비교 분석' 영상, 하나의 제품을 깊이 있게 파고 들어가는 '리뷰' 영상, 한 브랜드 제품을 한데 모아 소개하는 '하울haul' 영상 등 유튜브에서는 다양한 방식으로 정보 전달이 이뤄지고 있다.

이러한 정보 전달 유형은 기성 미디어에서부터 블로그, 카드 뉴스, 틱톡 영상과 같은 디지털 기반 미디어까지 보편적으로 사용되는 것으로, 유튜브 고유의 것은 아니다. 하지만 양과 질적인 측면에서 유튜브 크리에이터 영상의 강점이 더욱 도드라진다 하겠다.

글과 이미지는 전적으로 소비하는 사람의 속도를 따른다. 독해가 빠른 사람은 내용을 빠르게 흡수하지만 스마트폰으로 인해 집중력의 시간이 짧아진 최근의 환경에서는 3분 이상 길이의 글을 읽는 것이 쉽지 않다. 오죽하면 '1분 카드 뉴스'라는 포맷이 나왔겠는가. 반면 영상은 전적으로 제작하는 사람의 속도를 따른다. 물론 시청하는 사람이 영상을 멈추거나 10초씩 건너뛰어가며 보기도 하지만, 기본적으로는 제작자의 말과 자막 속도에 맞춰 정보를 흡수한다. 그중에서도 유튜브는 시청 시간을 길게 확보할수록 추천이 잘되는 알고리즘을 갖고 있기에 크리에이터는 어떻게 하면 시청자가 최대한 긴 시간을 머물도록 할까 고민하고, 빠른 호흡의 편집과 다양한 시각적 자극을 줄 수 있는 자막과 밈 등을 통해 시청자를 붙잡는다.

큐레이터라는 측면에서 크리에이터는 시청자를 평균 4분 정도 머물게 하는 힘을 가진 정보 전달자이다. (4분이라는 수치는 앞서 말한 것처럼 샌드박스 소속의 크고 작은 채널 400개 이상을 표본으로 삼은 것이라 참고 수치 정도로 봐주길 바란다.) 그런데 사실 정보성 채널일수록 체류 시간이 긴 경향을 보인다. 한 자동차 리뷰 채널은 평균 시청 시간이 8분 이상이고, 다른 심리 상담 성향의 채널도 7분을 넘는다. 다시 말하지만 스마트폰을 통한 활자의 독해 집중력이 저하되는 환경에서 5분 이상 동안 영상을 통해 정보 전달을 할 수 있다는 것은 매우 놀라운 일이다. 그것도 저비용, 맞춤형으로 말이다.

진짜 전문가가 나타났다

유튜브에서 정보 큐레이터를 자청하는 이들은 모두 비전문가라 생각하기 쉬운데, 유튜브 크리에이터 생태계가 커지면서 진짜 전문가들도 유튜브 크리에이터 전선에 뛰어들고 있다. 현직 헬스 트레이너, 현직 요리사, 현직 약사와 같이 현업과 유튜브를 병행하는 사람도 있고, 은퇴 교수, 전직 보컬 트레이너, 전직 웹툰 작가처럼 일정 기간 동안 얻은 직업적 경험을 바탕으로 유튜브 활동에 집중하는 사람들도 생겨나고 있다. 비대면으로는 절대 가능하지 않을 것 같아 보이는 최면과 전생 체험이라는 영역까지 전문가에 의해 유튜브 영상으로 제작되고 있다.

이러한 전문 직업 집단의 유튜브 도전은 유튜브 정보 큐레이션의 질적 상승을 유도하고 있다. 예를 들어 그동안 자신의 운동 방식을 편하게 공유하던 몸짱 크리에이터는 전문 헬스 트레이너 크리에이터의 등장에 긴장하면서 혹시 자기가 그동안 잘못된 운동 방법을 알려주지는 않았을까 되돌아본다. 재미 삼아 더빙을 하던 크리에이터는 성우 출신 크리에이터의 출현에 긴장하고, 연예인급 미모로 주목을 받던 브이로그 크리에이터는 연예인 브이로그 채널의 증가에 긴장하고, 비전공생 피아노 크리에이터는 전공생 크리에이터의 등장에 긴장할 수밖에 없다. 결국 치열한 경쟁 속에 시청자의 선택을 받아야 하는 크리에이터는 어떻게든 자신의 차별화된 매력을 강화하고자 정보의 신뢰성을 높이기 위해 노력할 것이고, 더 재밌게 전달하기 위한 창의적인 방법을 고안할 것이다.

그러다 보니 유튜브에는 전문가에 준하는 준전문가가 많고 앞으로 더 많아질 것으로 전망한다. 즉, 자격증이나 직업으로서 경력을 갖고 있지는 않더라도 오랜 기간 혼자 연구하고 훈련하여 터득한 지식과 경험이 풍부한 이른바 '세미 프로' 크리에이터가 더욱 많아질 것이다. 그리고 이들은 기업이 제품에 대한 정확한 정보를 주고자 할 때 신뢰도 측면에서 섭외 우선순위가 될 수 있는 크리에이터 군이다. 워너비형이 짧은 시간에 호감 지수를 높이는 데 효과적이라면 큐레이터형은 시간이 좀 걸리더라도 신뢰 지수를 높이는 데 효과적이라 하겠다. 정보 전달이 중요한 브랜드라면 프로와 세미 프로를 통한 유튜브 인플루언서 마케팅을 적극 고려해보기 바란다.

크리에이티브 디렉터:
기획력으로 이슈를 일으킨다

유튜브 크리에이터와 협업할 때 가장 쉽게 받아들일 수 있는 마케팅적 가치는 이들의 창의력이다. 기획력이 좋은 크리에이터가 만들어낸 '브랜디드 콘텐츠 영상'은 유튜브 인플루언서 마케팅에 대한 이해가 전무한 사람이 봐도 그 영상이 지닌 마케팅 효과를 쉽게 짐작하게 한다. 흔히 '병맛 코드'로 포장되기도 하는 크리에이터만의 자유분방한 제작 기법은 무난한 영상 광고에 익숙해진 마케터에게 신선한 자극이 된다. 샌드박스 소속 크리에이터 중에 병맛 영상의 대명사가 된 장삐쭈 채널의 경우 이러한 이유로 많은 기업의 광고 의뢰를 받는다. 특히 소니 플레이스테이션과 협업한 영상은 평소 장삐쭈 애청자가 아니더라도 재미와 공감을 느끼기 쉬워 대표 사례로 소개하곤 한다.[5] 광고 회사에서 광고 제작을 담당하는 사람을 크리에이티브 디렉터Creative Director라 하고 줄여서 CD라고도 하는데, 이번 장에서는 기획력으로 승부하는 크리에이터들이 왜 크리에이터이자 CD로서 좋은 협업 대상이 되는지 이야기해보겠다.

크리에이터는 매일 바이럴을 꿈꾼다

TV 광고는 보통 전문 광고 대행사를 통해 제작한다. 하지만 유튜브, 페이스북 등 디지털 플랫폼은 영상의 호흡과 문법이 다르기에 전통적인 광고 대행사가 반드시 경쟁 우위를 갖지 않는다. 오히려 신생 디지털 마케팅 회사에서 기발한 영상을 기획하는 경우도 많다. 제작의 스케일보다 아이디어의 참신함이 중요하고, 광고 카피의 기계적 주입보다 브랜드 이야기에 대한 공감이 중요하기 때문이다. 같은 측면에서 크리에이터도 좋은 기획력을 갖추고 있다면 도전해볼 수 있는 분야가 바로 바이럴viral이라 불리는 영역이다. 바이럴 영상은 말 그대로 전염성이 있는 영상으로 제작비 외에 매체 광고비를 쓰지 않아도 사람들이 알아서 공유하거나 플랫폼의 추천 알고리즘을 통해 높은 조회 수를 기록하는 영상을 뜻한다. 평소 어떻게 하면 새로운 시청자에게 공감을 사고 영상이 널리 퍼지도록 할지 고민하는 크리에이터는 직업적으로 이미 바이럴 영상 제작소에 몸담고 있는 셈이다.

앞서 많은 구독자 수를 보유한 인기 채널은 공통적인 '유튜브 문법'을 가지고 있다고 말했다. 바이럴이 많이 이루어지는 영상들도 그만의 특징을 지닌다. 여기서 잠깐 유튜브 바이럴 영상의 네 가지 구성 요건을 살펴보면 다음과 같다.

클릭 전 호기심 유발

유튜브에서 미리보기(썸네일) 이미지의 중요성은 아무리 강조해도 지나치지 않다. 같은 영상이라도 어떤 미리보기 이미지를 다느냐에 따라 추천 화력이 다르다. 사람들이 강한 흥미를 느끼지 못하는 이미지를 달았을 경우 클릭률이 떨어지고 클릭률이 떨어지면 새로운 시청자에게 추천으로 노출되는 수가 줄어들어 조회 수를 많이 얻을 기회를 상실한다. 반면 클릭률이 높으면 유튜브에서 적극적으로 추천 노출을 늘린다. 그리고 그 클릭률을 좌우하는 것이 바로 호기심이다. 아무 글자 없이 이미지로만 호기심을 자극할 수도 있고 이미지만으로 부족할 때 그 위에 적절한 문구를 넣을 수도 있는데, 글자 수가 많으면 가독성이 떨어지니 최대한 간결할수록 좋다. 썸네일만 신경 쓰고 제목은 별 신경을 쓰지 않는 경우도 많은 데, 신문의 헤드라인을 뽑는다고 마음으로 공들여 작성해보길 권한 다. 썸네일 없이 제목만 봐도 호기심이 생기도록 말이다.

영상 초반의 기대감 충족

그런데 클릭률에만 높은 점수를 주면 크리에이터가 이를 악용할 소지가 있다. 원래 내용과 상관없이 자극적인 이미지를 이용해 사람들의 클릭을 유도하는 이른바 '낚시질'이 횡행할 수 있기 때문이 다. 따라서 구글에서는 클릭률뿐 아니라 초반 이탈률도 주요한 지표로 본다. 클릭은 많이 했으나 5초도 지나지 않아 다른 영상을 눌렀다면 이는 추천 점수에 악영향을 미친다. 따라서 미리보기 이미지와 제목을 통해 유도한 호기심과 기대감을 처음 5초에 어느 정도는 채워줘야 한다. 필요하면 영상의 가장 하이라이트가 되는 부분을 먼저 보여줌으로써 이탈을 막고 추가 기대감을 심어주는 것도 좋다. 시청자의 인내심은 그리 높지 않다.

영상 중간의 반전 요소

초반 이탈을 막았다고 끝이 아니다. 영상에 오래 머무르게 할 수 없으면 결코 바이럴 영상이 될 수 없다. 영상 후반에 대한 기대감이 없다면 시청자는 순차적으로 이탈할 것이다. 이만큼 봤으면 더 볼 것이 없다고 판단하지 않도록 기대감과 긴장감을 유지시키는 구성이 필요하다. 그것이 중간 반전이다. 반전을 통해 새로운 기대감을 갖게 하고 후반부까지 끌고 가야 한다. 반전까지는 아니더라도 점진적 증폭을 통해 더 큰 재미와 감동이 있다는 신호를 줘야 한다.

반복 시청을 유도하는 감탄

바이럴 영상의 마지막 요건은 '한 번도 보지 않은 사람은 있어도 한 번만 본 사람은 없게 하는' 반복 시청이다. 영상을 의도적으로 재시청하는 사람이 많다는 것은 그럴 의도가 적은 사람에게도 유튜브가 추가로 추천을 해줄 가능성이 높다는 이야기다. '봤던 영상인데 유튜브가 또 추천을 해주네?'라고 생각하며 재시청을 하면 얼마 지나지 않아 또 추천 목록에 그 영상이 노출되어 있는 것을 발견할 수 있다. 그렇다면 의도적인 반복 시청이 일어나기 위해서 필요한 것은 무엇일까? 바로 영상 중 어느 한 구간이라도 기대 이상의 것을 경험했다고 느끼는 '감탄의 감정'이다. 대다수의 사람에게 보여 줬을 때 '와!'라고 할 수 있는 수준의 무엇인가를 갖고 있어야 한다.

크리에이터는 평소 영상을 제작할 때 위의 바이럴 요소들을 양념처럼 이용한다. 썸네일 스타일을 이따금씩 바꿔보기도 하고, 영상 초반이 밋밋하다 싶으면 하이라이트를 앞에 넣어서 편집해보기도 하고, 영상 중간에 일부러 위기 상황을 만들어 긴장감을 고조시켜 보기도 하고, 편집에 힘을 주어 영상미나 특정 장면의 웃음 요소를 극대화시키기도 한다. 유튜브 시청자에 대한 공감 능력이 좋은 크리에이터는 위에서 말한 전반의 과정에서 시청자와 밀당을 하면서 시청자를 떠나지 못하게 한다. 사람들이 언제 클릭을 하고, 언제 만족하고, 언제 기대감을 갖고, 언제 감탄을 하는지 그 지점을 건드릴 줄 아는 사람이 높은 확률로 바이럴 영상을 만들 수 있다.

이처럼 일부 기획력이 뛰어난 크리에이터에게 영상 작업을 의뢰하는 것은 기업의 바이럴 영상 제작을 의뢰하는 것과 같은 효과를 낼 수 있다. 게다가 자연 조회 수가 100만 이상으로 잘 나오는 채널은 한 번에 제작과 매체가 해결된다는 장점도 있다. 별도로 영상을 확산시킬 고민을 하지 않고 채널에 올리기만 해도 100만, 200만 조회 수가 나오기 때문이다. 혹은 조회 수가 꾸준히 많이 나오지는 않아도 한 번이라도 수백만 혹은 수천만의 조회 수를 기록해본 사람은 다시 그와 같은 조회 수를 만들어낼 확률이 상대적으로 높기에 좋은 섭외 후보다.

크리에이터 선바의 평소 영상 조회 수는 10만, 20만 회 정도이지만 5년 전에 올린 '난 피아노는 못 치지만 편집은 잘하지' 영상은 훌륭한 바이럴 요소를 갖춘 기획 영상으로 누적 조회 수가 1,000만에 육박한다.[6] 크리에이터 채널에서 가장 인기 있는 동영상만 모아서 왜 이 영상들이 바이럴이 되었는가를 연구하는 것도 좋은 공부가 된다.

브랜드가
스토리로 기억된다

2012년부터 직간접적으로 광고와 관련된 일을 하면서 아직도 답을 내리지 못한 질문이 있다. '좋은 광고 영상이란 무엇인가?' 기억에 남는 광고가 좋은 광고겠지 하다가도 '광고만 기억하고 물건을 사지 않으면?'이라는 질문에 막히고, 그럼 즉각 판매를 유도하는 광고가 좋은 광고인가라고 생각하면 '잘 알지도 못하는데 대뜸 사라고 하면 거부감이 들지 않을까?'라는 생각에 막힌다. 여기에 더해 브랜드 생애 주기와 시청자의 인지 단계에 맞춘 복잡한 모델을 접하면서 결국 좋은 광고란 그때그때 다르다는 싱거운 결론에 이르게 된다.

'좋은 광고 영상'이 너무 방대하다면 범위를 좁혀 '좋은 유튜브 바이럴 광고 영상'으로 생각해보자. 건너뛰기 버튼을 이겨내야 하는 광고 영상 말고 제목과 미리보기 이미지로 클릭을 유도한 광고 영상 말이다. 앞서 일반적인 유튜브 바이럴 영상의 네 가지 구성 요건을 말했는데, 바이럴 '광고' 영상이라 할 때 한 가지 추가하고 싶은 것이 있다. 바로 '브랜드가 스토리로 기억된다'는 점이다. 제품의 기능이 어떻고, 디자인이 어떻고, 브랜드 철학이 어떻고 등 하고 싶은 말이 많겠지만 투 머치 토커가 되는 욕심을 내려놓고 영상을 끌고 가는 주된 이야기와 혼연일체가 되는 것이다.

이제는 고전이 되어 버린 P&G의 'Thank you mom'[7]이나 도브의 'Real Beauty Sketch'[8]는 유튜브 바이럴 광고 영상의 효시격이다. 영상이 처음 나왔을 때 나는 구글에서 유튜브 광고 영업을 하고 있었는데, 광고 세미나에서 두 영상을 자주 재생했던 기억이 난다. 이후 국내에서도 2~3분가량의 유튜브 바이럴 광고 영상을 제작하기 위한 시도가 많았고, 이 부분만을 전문으로 하는 광고 기획사도 나타났다. 그리고 시간이 더 흘러 이제는 크리에이터 중에도 이와 같은 스토리 기반의 채널이 늘면서 크리에이티브 디렉터로서 광고 협업이 가능케 되었다. 티키틱이라는 채널에서 과자 제품과 스마트폰을 주제로 제작한 뮤직비디오 영상이 좋은 사례다.[9, 10]

이렇게 전문 기획 제작까지는 아니더라도 공감할 수 있는 일상의 이야기에 브랜드를 녹이면 브랜드가 이야기로 기억된다. 실제로 옥탑방 생활을 했던 크리에이터 파뿌리는 '옥탑라이프'라는 페이크 다큐^{fake documentary} 형태의 상황극으로 옥탑방 생활을 탈출하기 위한

옥탑방 탈출을 위해 집을 알아보는 페이크다큐 상황극 속에서 부동산 중개 앱을 사용하는 모습이 등장한다.

▶ 출처: 유튜브 '파뿌리'

해당 영상의 스토리에서 귀신을 물리치는 도구로 자세교정 밴드를 등장시켰다.

▶ 출처: 유튜브 '총몇명'

이야기 속에 부동산 중개 어플리케이션을 노출했다.[11] 애니메이션 상황극을 연재하는 크리에이터 총몇명은 '공포의 척추귀신' 편에서 밤마다 나타나는 귀신을 어떻게 물리칠까 고민하는 가족의 이야기 속에 자세 교정 밴드를 등장시켰다.[12] 예나 지금이나 좋은 광고 크리에이티브 디렉터는 흡입력 있는 이야기를 전달하는 사람이다. 평소 영상에서 흡입력 있는 이야기 구성이 돋보이는 크리에이터가 있다면 이들과 크리에이티브 디렉터로서 협업해보길 권한다.

다양한 광고 소재를
빠르게 확보할 수 있다

그럼 자체 바이럴 영상 말고, 건너뛰기 버튼을 이겨내야 하는 광고 영상은 어떨까? 특히 6~30초 사이의 짧은 영상 제작에 있어서 크리에이터가 크리에이티브 디렉터로서 역할을 할 수 있을까? 개성 있는 영상을 잘 기획하는 크리에이터라면 충분히 가능성 있다고 본다. 예를 들어 팬케이크 아트를 하는 크리에이터 팬케이가 신발 브랜드의 신상 여러 종을 팬케이크 아트로 재현하는 5분짜리 영상을 올린 바 있는데[13], 이를 적절히 빠르게 감고 편집하면 30초 이내의 광고 소재 영상으로 재탄생시킬 수 있을 것이다.

마케터라면 광고의 효율은 광고 소재를 얼마나 건너뛰지 않고 보느냐를 뜻하는 반응률과 밀접한 관련이 있다는 것을 잘 알 것이다. 만약 광고 소재가 하나밖에 없다면 반응률이 가장 잘 나오는 시청 타깃군에 광고 노출을 집중시켜야 한다. 하지만 소재가 여러 개라면 각각 반응률이 잘 나올 시청 타깃군에 맞춰 서로 다른 소재를 노출시킬 수 있고, 결과적으로 더 넓은 범위의 광고 도달을 효율적으로 할 수 있게 된다. 또한 같은 광고를 여러 번 봤을 때의 피로감을 줄이기 위해서라도 광고 소재는 자주 교체하거나 다양한 소재가 번갈아 노출되도록 하는 전략이 필요하다.

유튜브 인플루언서 마케팅을 이야기하면 대부분 크리에이터 채널에 올라가는 영상에 브랜드를 자연스럽게 녹이는 브랜디드 콘텐츠 형태만을 생각하는데, 앞서 말한 것처럼 자기만의 개성이 담긴 영상을 제작하는 크리에이터는 좋은 광고 소재를 만들어낼 수 있는 잠재력을 갖고 있다. 또 대단히 독창적이지는 않아도 유려한 편집 기술을 보여주는 크리에이터 역시 광고주의 의뢰를 받아 일정 수준 이상의 광고 영상을 제작할 수 있다. 앞서 크리에이터의 세 가지 매력으로 인물, 주제, 영상을 꼽은 바 있는데, 영상의 매력이 뛰어난 채널이 눈에 띈다면 이들에게 짧은 광고 제작을 의뢰하는 것도 좋은 마케팅 방법임을 기억하자.

2부를 마치며

폭발적으로 증가하는 유튜브 시청의 중심에 크리에이터가 있다. 유튜브에서 마케팅을 잘하기 위해서는 크리에이터가 갖고 있는 다양한 속성(아바타, 워너비, 큐레이터, 크리에이티브 디렉터)을 십분 활용하는 것이 필요하다. 기본적으로 크리에이터는 광고주의 아바타로서 시청자의 거부감을 줄여주는 역할을 한다고 볼 수 있으나, 크리에이터의 성향 및 재능에 따라 워너비, 큐레이터, 크리에이티브 디렉터 중 도드라지는 역량을 발휘하게 된다. 팬덤은 강하지만 기획력은 약한 크리에이터가 있고, 기획력은 강하지만 유용한 정보 전달에는 어울리지 않는 크리에이터가 있다는 의미다.

유튜브 인플루언서 마케팅을 할 때 마케터들이 보통 크리에이터 '섭외recruiting'라는 단어를 쓰는데 그보다는 '섭외 후 파견recruiting and dispatching'이라는 묶음 개념으로 일련의 과정을 이해했으면 좋겠다. 파견이라 함은 일정한 임무를 부여받고 작전지에 투입되는 것을 말한다. 파견자는 작전 지휘관으로부터 일정한 권한을 위임받아 작전지에 가서 어느 정도의 재량을 갖고 최고의 성과를 만들어낸다. 그럼 지휘관의 임무는 무엇인가? 지휘관은 파견자의 역량에 맞는 임무를 부여하고 파견자가 그 임무를 잘 수행하도록 배려하고 적절한 권한을 위임해야 한다. 크리에이터가 시청자들과 만나는 작전지에서 자신의 역량에 맞게 미션을 수행할 수 있도록 마케터들이 노련한 작전 지휘관이 되었으면 한다. 그럼 이제 3부에서 어떻게 성공적인 작전을 짜야 하는지 보다 구체적인 실무 이야기를 해보겠다.

YouTube

3부

폭발적인 입소문은 어떻게 시작되는가

: 유튜브 인플루언서 마케팅 준비편

Marketing

유튜브 인플루언서 마케팅을 시도하려고 보면 기존의 방식과는 다르게 고려해야 할 것들이 많다. 우선 크리에이터, BJ, 스트리머를 구분할 줄 알아야 한다. 그들 모두 유튜브라는 채널을 보유하고 있긴 하지만 시작점이 달라 시청자의 성향에도 큰 차이가 있다.

구독자가 많다고 해서 무조건 좋은 것도 아니고, 섭외 단가가 높다고 해서 반드시 효과가 좋은 것도 아니다. 마케팅 주체인 입장에서는 진행하면서 돈은 광고주가 내는데 크리에이터에게 끌려다닌다는 생각이 들 수도 있다. 동시에 브랜드의 유튜브 채널을 어떻게 키우고 얼마나 투자해야 할지 고민된다. 뭐 하나 쉬운 것 없이 복잡하고 새롭다. 따라서 3부는 인플루언서 마케팅 실무에 들어가기 직전에 미리 고려하면 좋을 내용으로 구성했다. 1, 2부가 필수 교양 과목이라면 3부는 전공 기초 과목이라 생각하면 좋겠다.

비슷한 듯 서로 다른
인플루언서의 특징을 파악하라

마케팅 실무 가이드를 설명하기에 앞서 명칭부터 정리해보자. 유튜브에서 활동하는 사람들을 통칭하는 용어는 크리에이터임에도 '유튜브 크리에이터 마케팅'이라는 용어를 쓰지 않은 이유는 '크리에이터 마케팅'이라는 단어가 어색해보였기 때문이다. 따라서 업계에서 가장 보편적으로 쓰이고 있는 '인플루언서 마케팅' 앞에 유튜브를 붙여서 유튜브 크리에이터를 중심으로 한 인플루언서 마케팅이라고 정리했다. 그럼 먼저 유튜브 크리에이터 외에 다른 인플루언서는 어떤 부류로 나눠볼 수 있는지, 각각은 어떤 특징이 있는지 알아볼 필요가 있겠다.

블로거^{Blogger}

웹^{Web}과 기록을 뜻하는 로그^{Log}의 합성어인 블로그^{Blog}라는 단어가 쓰이기 시작한 때는 1994년으로 거슬러 올라간다. 하지만 국내에 현재 쓰이는 의미에서의 '블로그 서비스'가 시작된 것은 2002년 blog.co.kr이 생기면서였다고 전해진다. 이후 2003년 네이버, 다음 등의 포털에서 블로그 서비스를 시작하면서 본격적인 블로그 시대가 열렸다.

당시는 싸이월드로 대표되는 개인화된 홈페이지가 빠르게 확장되고 있었고, 다음 카페, 프리챌 커뮤니티와 같은 집단 정보 공유용 온라인 카페가 성행하던 시기다. 개인 홈페이지 및 집단 온라인 카페가 친구 또는 회원 중심의 다소 폐쇄적 성격을 지닌 서비스였다면, 블로그는 초기부터 불특정 다수의 방문(트래픽)을 유도하는 개방형 성격을 지녔다고 할 수 있다.

그때나 지금이나 블로거가 자신의 블로그를 성장시키는 원리는 거의 같다. 어떻게 하면 검색 상단에 더 많이 노출될 수 있을지 연구하고 이를 최적화하는 것이다. 검색 서비스로 급부상한 네이버는 블로그 서비스를 키우기 위해 검색 상단에 블로그 포스트를 배치하여 수많은 검색 트래픽을 얻을 수 있도록 유도했다. 그리고 이를 통해 인기를 얻은 '파워 블로거'는 블로그에 여러 가지 수익 모델을 붙여가며 직업화된 온라인 인플루언서의 길을 열었다.

블로거들은 주로 텍스트와 이미지를 중심으로 사람들이 보편적으로 정보를 많이 얻고자 하는 요리, 맛집, 육아, 인테리어 등과 같은 주제에서 많은 정보를 쏟아냈다. 이들은 웹상에서 얻은 유명세를 바탕으로 온라인 강의를 열기도 하고, 전자책을 내기도 하고, 애드포스트와 같은 광고를 게재함으로써 수익을 배분받기도 하고, 제품을 소개하고 링크를 달아 판매 금액의 일부를 정산받는 등 다양한 방식으로 수익을 내기 시작했다. 이 중에서 유튜브 인플루언서 마케팅과 가장 유사한 형태가 바로 광고주의 협찬을 받고 블로그를 작성하는 형태다. 이들은 포스트당 일정 원고료를 받으면서 음식점, 관광지, 가전제품 등 다양한 협찬 리뷰를 현재까지 쏟아내고 있다. 지금은 블로거들이 유튜브를 병행하면서 사업 기회를 더욱 확장하고 있다.[1]

한때 영향력 있는 파워 블로거가 업주를 대상으로 자신에게 일종의 협찬비 또는 할인을 강요하는 행태가 벌어지면서 '블로거지'라는 오명을 쓰기도 했으나 여전히 전방위적인 바이럴 마케팅을 진행할 때 블로그는 사람들의 검색에 대응하는 정보 제공 마케팅 수

단으로 꾸준히 사랑받고 있다. 네이버에서도 제품 검색 시 블로거를 비롯한 인플루언서 포스팅이 상단에 배치되는, '인플루언서 검색' 및 '브랜드 커넥트'라는 이름의 광고 상품을 운영하며 검색 기반의 인플루언서 마케팅 서비스를 고도화하려는 움직임을 보여주고 있다.

인스타그래머 Instagrammer

2010년에 설립된 인스타그램은 2012년에 페이스북에 10억 달러(약 1조 원)에 인수되었고, 빠르게 사용자를 확보해 2016년에 5억 명, 2018년에 10억 명을 돌파하면서 이미지 중심의 소셜 네트워크 서비스 중 전 세계에서 가장 많은 사용자를 확보한 플랫폼으로 자리 잡았다. 특히 영화배우, 축구 선수, 세계적인 팝가수 등 이른바 '셀럽'들이 대거 유입되면서 인스타그램은 유명인의 소식을 전해 듣는 셀럽 뉴스 성격도 띠고 있다.

인스타그램에서 수익을 얻는 주요한 방식은 광고주의 의뢰로 사진을 찍어 올리고 돈을 받는 협찬 콘텐츠다. 전 세계적으로 유명한 셀럽의 경우 사진 한 장 올리는 것으로 수억 원을 받기도 하지만, 그렇게 유명세를 타는 경우가 아니면 워낙 공급자가 많은 시장이고 차별화가 쉽지 않기에 보통 장당 수십만 원 수준에서 단가가 정해진다. 인스타그래머는 대체로 소속사 없이 개인으로 활동하거나 개인 법인 사업자로 활동하고 있다. 그들은 인플루언서 마케팅 중개 플랫폼인 '레뷰 코퍼레이션', '미디언스', '데이터블'과 같은 곳에 복수로 가입, 그 경로를 통해 협찬 문의를 받고 있다.

유튜브 감성에 진정성과 일탈이 있다면, 인스타 감성에는 '성공'과 '과시'가 있다. 톱 인스타그래머는 대체로 가장 아름답고 화려한 모습을 담고자 하고, 이를 소비하는 사람은 흐트러짐 없이 잘 관리되는 인스타그래머의 모습에 존경을 표하면서 자신도 이를 닮고자 한다. 이렇게 워너비로서 강한 존재감을 갖고 있다 보니 인스타그래머가 사용하는 제품에 대한 관심이 높을 수밖에 없고, 따라서 다른 플랫폼에 비해 인플루언서의 구매 유도에 대한 저항이 상대적으로 적다. 이에 제품 구매와 연결된 마케팅이 활발하고, 공동 구매가 곳곳에서 일어나며 샵Shop 포스팅을 통해 아예 상품의 가격까지 게시하는 등 패션, 뷰티 중심의 이커머스 플랫폼으로 계속 진화하고 있다. 유튜브 영향력이 커지면서 인스타그램만 고집했던 인플루언서도 빠르게 유튜브에도 집을 짓기 시작했고 인스타그램과는 또다른 활동명과 채널 콘셉트로 새로운 시청층을 만나는 경우도 늘고 있다.[2]

물론 인스타그래머를 활용한 인플루언서 마케팅이 전 세계적으로 빠르게 성장했다 보니 팔로워 부풀리기, 유령 계정 돌리기 등 과열된 시장에서 흔히 나타나는 남용^{abusing} 문제가 꾸준히 제기되고 있는 것도 사실이다. 그러나 다른 플랫폼에 비해 진입 장벽이 낮은 특성상 계속해서 양질의 인플루언서 공급이 규모 있게 이뤄질 것이고 이로 인해 그런 문제는 자연스럽게 해결되리라 생각한다.

인지도가 전혀 없던 제품이 인플루언서를 통해 일주일도 되지 않아 대량 구매로 연결되는 경험을 한 브랜드들은 인스타그램 인플루언서 마케팅에 대한 높은 기대와 신뢰를 갖고 있다. 그래서 어떻게 하면 더 잘할까 고민한다. 브랜드와 인스타그래머를 중개하는 플랫폼 역시 다양한 장치를 마련해서 브랜드와 인플루언서 양쪽을 만족시킬 수 있는 새로운 상품을 고안해내고 있다. 이러한 여러 이해관계자들의 노력을 바탕으로 인스타그램 인플루언서 마케팅은 당분간 그 성장세가 이어질 것으로 전망된다.

아프리카TV BJ

2006년, 'Anyone can FREEly CAst(누구나 자유롭게 방송할 수 있다)'라는 기치의 영어 문장에서 그 명칭을 만든 아프리카^{Afreeca}TV는 인터넷 개인방송 서비스를 제공하는 플랫폼이다. 여기서 개인 방송을 하는 이들을 브로드캐스트 자키[Broadcast Jockey], 줄여서 BJ(비제이)라고 부른다. 이후 BJ라는 용어는 이전 라디오의 디스크자키[Disc Jockey, DJ], TV의 비디오자키[Video Jockey, VJ]에 이어 1인 방송 진행자를 통칭하는 용어로 자리 잡았고, 아프리카TV 외 군소 플랫폼 방송 진행자 역시도 BJ로 칭해지고 있다. 그러다가 유튜브 크리에이터가 늘면서 이용어는 생방송에 국한된 명칭으로 좁혀졌다. 최근에는 아프리카TV에서 생방송을 하고, 이를 유튜브에 편집해서 올리는 사람들이 많은데 그들은 BJ이자 크리에이터로 동시에 불리고 있다.

아프리카TV의 BJ가 돈을 버는 주요한 방식은 시청자의 직접적인 후원 수단인 가상 화폐 '별풍선'을 환전하는 것이다. 아프리카TV에도 다시 보기[VOD] 클립을 올리고 광고를 붙여 수익을 올릴 수 있지만, 이런 방식의 수익은 보통 유튜브 채널에서 더 많이 나오는 편이다. 유튜브에 맞게 편집을 잘 살려서 클립을 올릴 경우 별풍선 수익보다 더 많은 수익을 유튜브에서 내는 경우도 있어 유튜브에 아프리카TV 생방송 영상을 편집한 것 외에 별도의 기획으로 제작한 영상을 올리는 '크리에이터형 BJ'도 늘어나는 추세다.[3] 후원과 VOD 광고 수익 외에도 아프리카TV BJ는 생방송 중 제품 PPL을 하거나 홍보 배너를 띄우는 방식으로 돈을 벌기도 하고 '애드벌룬'이라 해서 제휴된 커머스 몰에서 시청자가 제품을 구매할 때 일정 비율을 후원 형태로 지급받는 일종의 '추천 커머스' 모델로도 돈을 번다.

아프리카TV라는 플랫폼에서 가장 도드라지는 특징은 바로 '실시간 리액션'이다. 실시간 리액션이란 시청자가 방송 중 금전적 후원을 했을 때 BJ가 즉각 보이는 반응을 일컫는 것인데, 후원 금액에 따라 다른 리액션을 보여주기도 하고, 사전에 얼마를 후원하면 어떤 리액션을 보여준다는 약속을 해서 마치 미션을 수행하듯 리액션을 진행하는 경우도 있다.

시청자의 후원을 많이 받기 위해 다소 무리한 콘텐츠를 시도하는 일부 BJ의 언행 때문에 BJ가 자극적인 방송을 하는 사람이라는 선입견을 갖는 사람들이 있는데, 1인 미디어에 대한 사회의 관심이 높아지면서 개인과 플랫폼 양쪽에서 이를 자정하려는 노력 역시 부단히 이루어지고 있다. '누구나 자유롭게 방송을 할 수 있다'는 아프리카TV의 철학답게 아프리카TV는 앞으로도 1인 방송인을 꿈꾸는 사람이라면 능숙한 편집 기술이나 좋은 장비 없이도 쉽게 도전할 수 있는 장이 되어줄 것으로 기대한다.

트위치 스트리머^{Twitch Streamer}

트위치는 2007년에 미국에서 만들어진 게임에 특화된 인터넷 방송 플랫폼이다. 처음에는 창업자의 이름을 따 Justin.tv로 사용자를 모으다가 별도 게임 스트리밍 서비스로 출시한 트위치가 인기를 끌자 2014년에 사명을 트위치로 변경했다. 구글과 아마존 인수 논란 속에 2014년 9월 아마존에 정식 인수되었고, 현재는 약 9억 명의 사용자가 이용하는 글로벌 라이브 스트리밍 서비스로 발돋움했다. 아프리카TV와 유사하게 주로 생방송을 보는 플랫폼인데, 트위치에서 방송을 하는 이들을 BJ라 부르지 않고 '스트리머'라 칭한다. 미국 플랫폼이다 보니 미국에서 사용하는 용어를 그대로 가져온 측면도 있고, 스스로의 정체성을 BJ와 분리하려는 의도도 있다고 본다. 트위치에도 게임 외의 다양한 장르가 존재하기는 하나 아직까지는 영향력 있는 트위치 스트리머라 했을 때 대부분 게임 방송인을 지칭한다.

아프리카TV와 마찬가지로 트위치 스트리머도 도네이션이라 불리는 시청자 후원이 주요 소득원인데, 방송에서 보내는 직접적이고 일회성인 후원 외에도 3개월 유료 구독 등과 같은 정기 후원 기능이 활성화되어 있다. 후원 외에도 PPL, 화면 하단에 배너 노출하기, 방송 자체를 기획 방송으로 꾸미기 등 다양한 루트가 있다.

기획 방송의 경우, 게임 스트리머가 많다는 점을 생각하면 대체로 신작 게임이 나오거나 기존 게임이 업데이트됐을 때, 게임사로부터 의뢰받아 지정된 시간 동안 게임 플레이를 하는 방식으로 이루어진다.[4] 이때 좋은 반응을 얻은 스트리머는 게임사 측과 장기 계약을 하기도 한다. 게임사는 스트리머 한 명이 아니라 20~30명의 스트리머를 섭외할 수도 있다. 트위치 내에 일시적 이슈를 일으켜 실시간 게임 순위와 인지도를 빠르게 높이고자 다수의 스트리머를 섭외하고 동시에 라이브를 하게 하는 방법을 사용하기도 하는 것이다.

트위치는 아프리카TV에서만큼 강한 리액션 문화가 존재하지 않는다. 게임 방송의 특성상 스트리머는 시청자와의 소통보다는 게임에 집중해야 하기 때문에 BJ만큼 큰 리액션을 보이지 않는다. 스트리머가 게임에 집중하는 동안 대화창은 시청자들의 놀이창이 된다. 물론 게임 시작 전 한두 시간 정도는 스트리머도 팬들과 소통하는 시간을 갖는다. 이때 시청자는 TTS^{Text-To-Speech}(후원 메시지를 음성으로 변환해주는 서비스) 또는 영상 도네이션(밈이라 할 수 있는 짧은 영상이 동반된 후원)을 보내는데 후원 자체가 콘텐츠가 되어 대화할 거리를 만들어내기도 한다.

트위치에는 다음팟TV에서부터 이어져 오는 특유의 비주류 감성이 흐르고 있고, 스트리머들도 외부 활동을 상대적으로 꺼리는 편이라 예전에는 아무리 트위치에서 유명하고 커뮤니티에서 한바탕 소동이 나도 트위치 밖으로는 잘 확산되지 않는 편이었다. 하지만 시간이 지남에 따라 다양한 유형의 스트리머가 등장하고, 유명 방송인들도 스트리머로 합류하면서 시청자층이 점점 다양해지는 까

닭에 이제는 트위치 특유의 마이너 감성이 꽤 옅어졌다.

인스타그램이나 유튜브에 여성들의 워너비 스타가 많다면 트위치에는 남성들의 워너비 스타(게임 잘하고, 목소리 좋고, 돈도 잘 벌고, 말도 잘하고, 인기 많은)가 많다고 보면 된다.

틱톡커 TikToker

여기서 언급되는 인플루언서 중에 상대적으로 가장 새로운 집단이라 할 수 있는 틱톡커는 중국 바이트댄스라는 회사에서 2016년 출시한 동영상 플랫폼 '틱톡'에서 인기 있는 창작자 집단을 일컫는다. 틱톡 영상의 특징을 세 단어로 정의하면 숏폼short-form, 세로, 셀피Selfie다. 영상이 대부분 15초를 넘지 않고 세로로 촬영되며 주변 환경보다는 자신의 표정과 몸짓을 담는 데 중점을 두고 있기 때문이다. 이러한 특징은 틱톡 1세대의 모습에 더 가까운데, 현재는 15초 이상의 영상도 많아졌고 라이브도 국내에 도입되었으며 가로 영상이나 셀피가 아닌 (후면 카메라를 사용해 촬영한) 일상을 기록하는 영상도 많아지고 있다. 그러나 지금 국내에서 유명한 틱톡커를 이해하는 첫 걸음은 역시 1세대의 키워드인 숏폼, 세로, 셀피라 하겠다.

콘텐츠 측면에서 1세대 틱톡커의 공통점을 꼽으라면 단연 '춤'이다. 15초라는 짧은 시간에 사람들에게 자극과 흥미를 주려면 모든 것이 과장되기 쉽다. 얼굴 표정에서부터 몸짓까지 아주 계획적으로 연출된 모습을 잘 드러내야 사람들의 반응을 얻을 수 있는데 춤은 여기에 아주 최적화된 소재다. 다양한 상황과 비트에 맞춰 짧은 몸 동작을 보여주는 것이 틱톡 1세대의 주류 콘텐츠였다. 이에 자연스 럽게 1세대 틱톡커는 평소 끼가 넘치고 흥이 많고 춤을 곧잘 추는 '흥부자' 유형의 사람들로 형성됐다.

한편, 마케팅 플랫폼으로서 틱톡을 이해하기 위해서는 '해시태 그'와 '스티커'를 알아야 한다. 해시태그는 대부분의 디지털 플랫폼 에서 사용되는, 콘텐츠를 모아서 볼 수 있게 해주는 큐레이션 꼬리 표 역할을 하는 것이다. 틱톡에서는 '해시태그 챌린지'라 해서 다른 플랫폼보다 적극적으로 해시태그를 소비하도록 유도한다. 틱톡에 서는 재미있는 해시태그가 보이면 바로 그 해시태그로 영상을 만 들어 올리는 시청과 소비의 순환이 엄청 빠르게 일어난다. 이처럼 시청자 감성과 제작자 감성이 공존하는 플랫폼이기에 시청자의 참 여를 유도하는 마케팅이 용이하다는 측면도 있다. 한편, 스티커는 영상에 적용할 수 있는 가상 소품 같은 역할을 하는데, 예를 들어 립스틱 스티커를 적용하면 영상 촬영 시 내 입술 색을 마음대로 바 꿀 수 있다. 틱톡 영상을 올리고 싶은데 당장 아이디어가 마땅히 떠 오르지 않는 신입 틱톡커는 인기 스티커 영상을 참고해 놀이 문화에 참여하면 된다.

5

댄서 소나, 옐언니, 신사장 등으로 대표되는 1세대 틱톡커를 중심으로 한 인플루언서 마케팅은 주로 '브랜디드 해시태그 챌린지' 방식으로 이루어진다. 기업에서 노래를 만들고 틱톡 전용 스티커까지 개발한 후, 유명 틱톡커를 섭외해 그 노래에 맞춰 스티커를 활용해 춤을 추는 영상을 올리게 하고, '해시태그 챌린지'라는 이름으로 너도나도 영상을 올리게 유도하는 방식이다. 기아자동차의 #셀토스 챌린지가 대표적인 예다.[5] 하지만 춤 외에도 코미디, 일상, 생활 팁 등 다양한 장르의 틱톡커 채널이 늘면서 챌린지 형태가 아닌 틱톡커의 재능을 살려 짧은 영상을 만들고 이를 틱톡 내 광고(피드 내 랜덤으로 노출되는 인피드 광고) 등으로 확산시키는 마케팅도 증가하고 있다.

2020년 초 가수 지코의 〈아무노래〉 챌린지가 전국적인 열풍을 타고 아이돌 가수의 틱톡 입성이 순차적으로 진행되는 것을 지켜보면서 틱톡이 향후 음반 프로모션에 있어 유튜브 못지않게 중요한 역할을 하리라는 생각이 들었다. 잘 만든 하나의 신곡 뮤직비디오가 하루 만에 1억 조회 수를 내는 곳이 유튜브라면, 틱톡은 하루 만에 1만 명 이상이 신곡 음원에 맞춰 챌린지에 참여할 수 있는 곳이다. 음악, 게임, 영화 등과 같은 콘텐츠 사업자라면 이 같은 틱톡의 확산성을 잘 알고 활용해야 할 것이다.

아는 만큼 보이는
인플루언서

블로거, 인스타그래머, 틱톡커와 같이 플랫폼의 이름에 '-er'을 붙여서 인플루언서를 명명하는 경우가 많은데, 정작 유튜버YouTuber는 요새 많이 쓰지 않는 모양새다. 유튜브는 이제 아프리카TV나 트위치처럼 다른 플랫폼을 하더라도 거의 필수처럼 함께 운영해야 하는 것이 됐기 때문이다. 인스타그램만 고집하던 사람도 유튜브 채널을 열고, 유명 틱톡커들도 거의 대부분 유튜브 채널을 함께 운영한다. 따라서 유튜브에 외부 인플루언서 유입이 많아지다 보니 자연스럽게 오리지널 유튜브 크리에이터의 의미가 담긴 '유튜버'는 덜 사용되는 듯하다. 또 자신을 유튜브에만 한정짓지 않고 언제든지 새로운 곳으로 확대해갈 수 있다는 취지에서도 크리에이터들은 유튜버보다 크리에이터라는 명칭을 더 선호하는 것 같다.

한국 유튜브 크리에이터 1세대가 대체로 아프리카TV BJ 출신임은 부정할 수 없다. 2013년 아프리카TV에서 이름을 날리던 양띵, 대도서관과 같은 BJ가 자신의 생방송을 편집하여 유튜브에 다시 보기 영상으로 올리기 시작했고 그것이 유튜브에서 크게 인기를 끌었다. 그리고 아프리카TV에서는 미미했던 광고 수익이 유튜브에서의 활동으로 점차 늘어나자 이것이 입소문을 타고 여러 BJ들 사이에서 아프리카TV와 함께 유튜브 채널을 병행하는 이른바 '듀얼 플랫폼' 전략이 빠르게 퍼지기 시작했다. '생방송은 아프리카TV에서, 다시 보기는 유튜브에서'라는 말처럼 아프리카에서는 후원 수익을, 유튜브에서는 광고 수익을 추구하게 된 것이다. 이들은 아프리카TV만 보던 사람에게는 유튜브를 홍보하고, 유튜브로 처음 접한 사람에게는 아프리카TV 생방송을 홍보하면서 자신의 시청자를 늘려나가는 방식을 취했다.

바로 이러한 이유 때문에 한동안 크리에이터와 BJ라는 용어가 혼재되기도 했다. 아프리카TV 행사에 가서는 "안녕하세요 BJ ○○입니다."라고 하고 유튜브 행사에 가서는 "안녕하세요 크리에이터 ○○입니다."라고 소개하는 자신의 모습에 자신도 혼란스럽다고 했던 BJ 겸 크리에이터도 있었고, 아무리 유튜브를 해도 자신은 BJ라고 BJ로서의 정체성에 강한 애착을 보이는 사람도 있었다. 반대로 아프리카TV에서 생방송을 진행하지만 자신은 크리에이터라는 명칭이 좋다며 항상 크리에이터로 자신을 소개한다는 사람도 있었다.

여전히 회사로 들어오는 광고 협찬 문의 중에 'BJ 섭외 요청드립니다'라면서 예시로 유튜브 크리에이터를 드는 마케터들을 보면 이 인플루언서 구분에 관한 혼란은 현재 진행형인 듯하다. 업에 대한 이해가 높은 마케터는 섭외 시에 명확히 구분해서 요청을 준다. 이를테면, '이번 캠페인은 스트리머 분들과 크리에이터 분들을 함께 기용하고 싶습니다. 회사에 BJ 분들은 많이 없는 것으로 아는데, 그래도 좋은 분 있으면 추천 부탁드립니다'라고 말이다. 그러면 추천을 하는 입장에서도 재차 물을 필요 없이 업무 진행이 수월할 수밖에 없다. 용어가 뭐가 그리 중요하느냐 반문할 수 있는데, 플랫폼에 따라 감성이 다르고 제작자와 시청자의 관계가 다르다는 점을 기억해야 한다. 마케팅 목적에 따라 스트리머 섭외는 가능한데, 유튜브 게임 크리에이터는 섭외가 되지 않는 경우가 발생할 수 있다.

특정 플랫폼을 넘어 인플루언서를 통칭하는 용어로 무엇을 쓰느냐에 따라서도 의뢰인의 업무 이해도 및 성향을 알 수 있다. 크리에이터라는 이름으로 섭외 요청을 주시는 분들은 대체로 크리에이터와 협업해본 경험이 있는 분들이다. 인플루언서라는 용어를 쓰면서 유튜브 크리에이터 협업을 요청하시는 분들 중에는 인스타그래머 중심의 마케팅 경험이 강해 크리에이터들의 단가를 무척 비싸게 여긴다. 아주 많지는 않지만 KOL^{Key Opinion Leader}라는 용어는 주로 외국계 기업의 의뢰에서 찾아볼 수 있는데, 인플루언서 마케팅을 연예인 대상의 셀럽 마케팅 개념으로 접근하는 경향이 있어 자유로운 창작을 의뢰하기보다 홍보대사 성격의 과업을 주려고 한다.

용어는 무엇을 쓰든 업무하는 데 크게 상관은 없지만, 유튜브에서 활동하는 크리에이터와 협업을 통해 좋은 결과를 얻고자 한다면 이왕이면 '크리에이터'라는 용어로 구분해서 부르는 것을 추천

하고, 종합적인 인플루언서 마케팅 플래닝을 위해서는 더더욱 구분하는 훈련을 해보길 권한다. 예를 들면, '저희는 이번에 유튜브 크리에이터를 통해 1차 브랜딩을 하고, 인스타그래머를 통해 노출 확대 및 초기 구매 전환을 유도하고, 다시 일부 유튜브 크리에이터와 블로거를 통해 검색 대응을 하고, 스트리머와 BJ를 통한 이벤트로 2차 구매 전환을 유도해볼 생각입니다'와 같이 말이다.

인플루언서 마케팅은 결국 사람을 움직이는 일이다. 더 정확히 이야기하면 사람을 통해 사람을 움직이는 일이다. 내가 전하고 싶은 메시지를 어떤 속성의 인플루언서가 가장 잘 전달해줄 수 있을지 고민하고 그에 맞는 섭외 전략을 짜보기 바란다.

누구나 쉽게 빠지는
함정을 조심하라

이제 정말 본격적으로 실무 이야기를 해보겠다. 디지털 마케팅은 수많은 숫자로 이뤄져 있기에 숫자의 의미를 얼마나 잘 해석하느냐가 마케팅의 성패를 가른다. 넘치는 숫자의 향연 속에 필요한 숫자만 골라낼 수 있는 선구안이 필요하고, 의미가 왜곡된 숫자의 이면을 볼 수 있는 투시안이 필요하다. 각종 소개서에 수억, 수십억의 조회와 구독이라는 숫자가 난무하는데 의미 없이 합쳐진 숫자들도 많고 그냥 막연히 숫자가 커서 얼마나 큰지 체감이 되지 않는 숫자도 많다. 이번 장에서는 그 숫자들 중에 가장 많이 거론되는 구독자

수와 조회 수를 어떻게 거르고 깊이 들여다봐야 하는지 안내하고
자 한다.

구독자 수의 함정:
구독자라고 다 같은 구독자가 아니다

인플루언서의 영향력을 가늠하는 척도로 가장 많이 쓰이는 것이
바로 구독자 혹은 팔로워 수다. 실제로 크리에이터 섭외 비용은 구
독자 수와 높은 상관관계를 갖고 있다. 그러나 바로 이 점이 유튜
브 인플루언서 마케팅에 대해 잘못된 기대를 갖게 하거나 가성비
를 떨어뜨리는 원인이 되고 있다. 채널을 구독했다 하더라도 영상
을 거의 시청하지 않는 휴면 구독자의 비중이 높은 채널도 있고, 채
널을 구독하지는 않았지만 모든 영상을 거의 시청하는 활성 비구
독자의 비중이 높은 채널도 있다. 유튜브의 알고리즘이 구독한 채
널로만 피드를 제공한다면 구독자 수가 절대적인 영향을 미친다는
말이 맞겠지만 사실은 그렇지 않다. 구독 여부보다는 최근 시청한
영상 중심으로 유연한 추천 행태를 보여주기에 과거에 구독을 해
놓았지만 지금은 거의 시청을 하지 않는 채널의 구독자는 유튜브
인플루언서 마케팅 관점에서 보면 허수 구독자에 가깝다.

절대적인 구독자 수보다는 최근 영상 조회 수, 댓글 반응, 영상의 기획력과 다룰 수 있는 소재의 범위 등 수많은 요소를 바탕으로 섭외 비용을 정해야 한다고 생각한다. 그리고 구독자 수만 많을 뿐 다른 영역을 따져보았을 때 매력도가 떨어지는 채널이라면 브랜드 입장에서도 굳이 높은 비용을 들여 섭외하지 않을 것을 권장한다.

구독자가 많은데 조회 수가 구독자에 비해 현저히 적은 채널이라고 무조건 가성비가 떨어진다는 이야기를 하려는 것이 아니다. 조회 수는 적지만 인지도가 높은 채널과의 협업은 현재 활동은 뜸하지만 인기가 많은 연예인을 섭외하는 것과 유사한 효과를 낼 수 있다. 인기 연예인의 섭외 단가가 비싸다는 것은 누구나 알고 있기에 이들이 모델로 등장하는 브랜드는 높은 섭외비를 감당할 만큼 사업이 잘 되고 있다는 이미지를 소비자에게 심어줄 수 있는 것이다. 스타트업인 마켓컬리가 대기업도 쉽게 섭외하지 못하는 톱스타 전지현을 모델로 광고를 내보낸 것이나, 게임사들이 자기 회사의 모바일 게임이 대세임을 알리기 위해 가수, 배우 할 것 없이 몸값이 비싸다는 연예인을 경쟁적으로 기용한 것처럼 말이다.

다만 조회 수가 많이 나오지 않는 톱 크리에이터와 협업할 때 이를 보완할 장치를 마련하면 좋다. 아무리 훌륭하게 영상을 만들어도 조회 수가 10만이 채 나오지 않는다면 아깝지 않겠는가. 전지현을 섭외하면 그에 걸맞게 매체비를 넉넉히 책정하는 것처럼, 조회

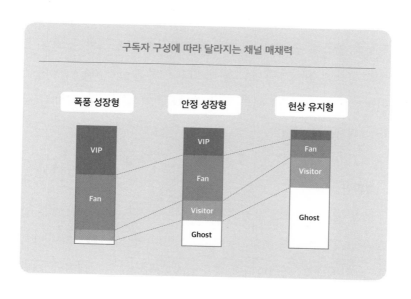

구독자의 네 가지 유형

VIP
"알림 설정 해놓고 꼬박꼬박 챙겨봐요. 댓글도 남기고요."

Fan
"알림 설정은 하지 않았지만 피드에 뜨면 거의 챙겨 보는 편이에요."

Visitor
"피드에 뜨면 쭉 훑어보다가 재밌어 보이는 것만 찾아서 골라봐요."

Ghost
"구독은 예전에 해놓았지만 요즘엔 재미 없어서 거의 보지 않아요."

구독자 구성에 따라 달라지는 채널 매채력

폭풍 성장형

VIP
Fan

안정 성장형

VIP
Fan
Visitor
Ghost

현상 유지형

Fan
Visitor
Ghost

수가 적게 나오는 톱 크리에이터를 섭외한다면 그에 맞춰 영상을 확산시킬 수 있는 매체 전략을 함께 짜야 균형 있는 인플루언서 마케팅이 된다. 다시 말하자면 구독자 수는 매체력이라기보다 인지도의 척도에 가깝다.

한편 구독자 수는 보통 누적으로 증가하는 데 비해, 영상 한 편당 조회 수는 채널의 생애 주기에 따라 들쑥날쑥한다. 구독자가 50만 명일 때 평균 조회 수가 20만이 나오던 크리에이터가 구독자 100만 명이 되었을 때 평균 조회 수가 10만으로 떨어지는 경우도 많다. 구독자는 10만 명이지만 평균 조회 수는 30만씩 나오는 경우도 있다. 이처럼 구독자 수와 조회 수는 아무 상관관계가 없는 것처럼 보이는데, 이를 크리에이터 채널의 생애 주기로 이해하면 일정한 규칙성을 찾아볼 수 있다. 채널의 생애 주기는 크게 혼란기, 안정기, 폭풍 성장기, 침체기로 나눠 볼 수 있고 어떤 주기에 있느냐에 따라 인플루언서 마케팅의 섭외 전략이 달라지기 때문에 여기서 조금 더 살펴보도록 하겠다.

혼란기

혼란기는 영상마다 조회 수가 널뛰는 경우를 의미한다. 어떤 영상은 20~30만 회씩 조회 수가 나오고 어떤 영상은 1,000회도 나오지 않는 상태로, 채널의 구독자가 안정화되지 않은 상태이다. 채널이 초기 단계라 그럴 수도 있고, 채널은 만들어진 지 한참 되었으나 시청자층이 전혀 다른 영상을 한 채널에 무리하게 편성해서 그럴 수도 있다. 혹은 시청자층은 같으나 편성 프로그램에 따라 시청자 흡입력의 차이가 커서 선별적인 시청이 일어나 그럴 수도 있다. 구독자가 아무리 많아도 조회 수가 들쭉날쭉하다면 조회 수가 잘 나오지 않는 영상에 대한 조치가 필요하다. 개선을 통해 끌어올리거나 아예 편성에서 빼거나, 시청자층이 극명히 다르다고 판단되면 채널을 분리하는 것 또한 방법이다. 혼란기의 채널과 협업을 한다면 기대 조회 수에 대해 각별히 유의할 필요가 있다.

안정기

안정기는 구독자 수에 일정한 비율로 안정적인 조회 수가 나오는 상태이다. 예를 들면, 구독자 수가 5만 명 정도에, 영상 한 편당 최소 조회 수가 1~2만 이상은 꾸준히 나오는 경우다. 구독자가 100만 명 이상이면서 영상당 조회 수가 30~40만 정도 꾸준히 나오는 채널이 가장 섭외 요청이 많은 안정적인 채널이라 보면 된다. 인지도도 어느 정도 높고, 매체력도 높은 편이고, 광고 경험도 많을 거라 일정 수준 이상의 노련함도 기대할 수 있다.

다만 인기가 많은 안정적인 채널은 그만큼 광고 수요도 많기에 이미 광고 예약이 찼을 수 있고, 일정 조율이 힘들 수 있으며, 아무리 높은 금액을 제시해도 크리에이터가 거절해서 광고를 진행하지 못할 가능성 또한 크다.

폭풍 성장기

폭풍 성장기는 평균 영상 조회 수가 구독자 수를 상회하는 상태다. 구독자 수는 10만 명인데 영상 조회 수가 100만 이상 나오는 경우가 그렇다. 이 경우에는 하룻밤 사이에 구독자 수가 5만, 10만씩 늘어나기도 한다. 조회 수가 꾸준히 유지된다면 결국 구독자 수가 조회 수에 맞춰 올라갈 텐데, 일시적으로 평균 조회 수가 구독자를 이기는 '조회 수 역전 현상'이 일어나는 것이다.

이런 채널의 특징은 채널을 개설한 지 얼마 되지 않았는데 참신함으로 빠르게 인기를 얻고 있거나, 채널은 개설한 지 오래되었는데 갑자기 특정 영상의 조회 수가 속칭 '터지면서' 새로운 성장의 계기를 맞이했다는 점이다. 구독자 수가 광고 단가에 가장 영향을 많이 미치는 현 상황을 감안했을 때 이러한 채널이 조회 수 측면에서는 가성비가 가장 좋은 채널이다. 하지만 크리에이터와 채널에 대한 충성도는 안정기 상태의 크리에이터보다 약할 수 있고, 무엇보다 광고 경험이 많지 않아 진행 과정에서 기대 수준을 조정하는 일이 생각보다 어려울 수 있다.

침체기

침체기는 구독자에 비해 조회 수가 많이 떨어지는 상태로, 여기에 해당하는 채널은 말 그대로 채널이 가라앉은 느낌을 준다. 구독자 수는 200만 명인데 조회 수는 20만도 나오지 않는 경우로 사실 꽤 많은 톱 크리에이터 채널에서 흔히 볼 수 있는 현상이다. 혼란기에 있는 채널이 조회 수가 들쭉날쭉하다면 침체기에 있는 톱 크리에이터 채널은 일관되게 조회 수가 구독자 수에 비해 많이 적게 형성된다고 보면 된다. 대부분 한때는 조회 수가 많이 나왔던 인기 크리에이터였고, 광고도 높은 단가로 진행해본 경험을 갖고 있기에 현재 조회 수가 적게 나온다고 해서 광고 단가를 쉽게 내리지는 못한다. 조회 수는 적더라도 인지도가 있고, 또 그 적은 조회 수를 무시할 수 없는 이유는 남아 있는 시청자가 충성도 높은 핵심 팬덤을 형성하고 있기 때문이다. 대부분 그 크리에이터의 영상을 오래 시청한 장기 구독자일 가능성이 크고, 크리에이터가 어떤 영상을 올리더라도 변심하지 않고 꾸준히 채널을 찾아주는 콘크리트 지지층이다. 따라서 조회 수는 적게 나오더라도 구매 유도를 적절히 했을 때 매우 높은 전환율을 만들어낼 수 있다. 그런 측면에서 침체기에 있는 채널도 충분히 마케팅 협업의 가치가 있다고 하겠다.

이처럼 유튜브 크리에이터의 매체력과 영향력을 가늠하고자 할 때는 반드시 구독자 수와 함께 최근 영상의 조회 수 및 반응을 살펴보면서 크리에이터가 어떤 생애 주기를 지나고 있고, 따라서 시청자 층이 어느 정도의 충성도와 관심을 갖고 있는지 면밀히 살펴보기를 바란다. 각 시기에 따라 기대할 수 있는 마케팅 협업 가치가 다르고 가성비를 계산하는 방식도 다르다. 그러니 단순히 조회 수당 비용 관점에서 비싸다고도, 조회 수가 많이 나온다고 해서 가성비가 무조건 좋다고도 오해하지 않길 바란다.

피라미드 구조의 함정: 인지도가 아닌 매체력이 관건이다

인플루언서의 영향력을 구독자로 표현하다 보면 자연스럽게 구독자 수에 따라 등급을 나누게 된다. 업계에서 이를 흔히 메가 인플루언서, 매크로 인플루언서, 마이크로 인플루언서로 나눈다. 마이크로보다 더 작은 등급이라 해서 나노 인플루언서까지 이야기하기도 한다. 이러한 구분이 크리에이터 전체 지형도를 조망하는 데는 도움이 될 수 있지만 인플루언서 마케팅 관점에서는 함정으로 작용한다는 사실을 지적하고 싶다.

한 명의 인플루언서가 아닌 복수의 인플루언서를 섭외할 경우에는 섭외의 기준을 마련해야 하는데, 자칫 구독자로 대변되는 매체력을 가장 우선시하면 예산에 맞춰 메가급 크리에이터 1~2명, 매크로 크리에이터 5~6명, 마이크로 크리에이터 10명과 같은 기계적인 섭외를 진행할 우려가 있다. 인플루언서 마케팅은 섭외로 인해 기대되는 다양한 효과를 기준으로 섭외의 묘수를 발휘해야 함에도 자칫 위와 같은 섭외를 진행하게 되면 뚜렷한 구성의 명분 없이 단순히 보고하기 좋은 섭외가 되기 쉽고, 캠페인을 진행한 후에도 가성비 높은 효과를 기대하기 어려울 수 있다.

다음에서 볼 수 있는 피라미드 구조의 인플루언서 구분은 구독/

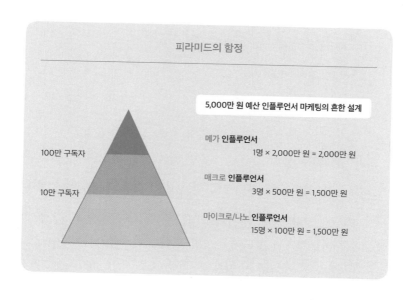

팔로우 피드 중심으로 소비되는 블로그나 인스타그램 인플루언서 마케팅에서는 유효한 도구가 될 수 있지만 유튜브 인플루언서 마케팅에서는 그렇지 않다. 앞서 이야기한 것처럼 유튜브의 추천 알고리즘은 최근 시청 이력, 검색 이력, 구독 이력, 영상 반응 이력 등 다양한 요소가 고려되고, 특히 최근 반복 시청된 이력이 있는 채널의 영상이 자주 홈피드Home Feed에 노출되는 것을 볼 때 구독 여부와 상관없이 작동된다고 할 수 있다. 재차 언급하지만 구독자 수는 매체력보다는 인지도에 가깝다. 따라서 매체력을 중심으로 유튜브 인플루언서 마케팅을 구성하고자 한다면 구독자 피라미드가 아니라 최근 조회 수를 중심으로 구성하는 것이 좋다.

▸ 메가 히트 : 조회 수 100만 이상

▸ 히트 : 조회 수 10만 이상

▸ 마이크로 히트 : 조회 수 1만 이상

전체 캠페인을 통해 조회 수 500만 회 이상을 얻고자 한다면, 메가 히트 3편, 히트 5편, 마이크로 히트 10편 정도로 구성해볼 수도 있다. 조회 수를 100만 회로 만들고자 한다면, 20~30만 조회 수가 예상되는 히트형 3편 정도에 4~5만 조회 수가 예상되는 마이크로 히트 4~5편으로 구성할 수 있다.

물론, 조회 수라는 것이 공식처럼 의도대로 나오는 것이 아니기에 어디까지나 예상 수치일 뿐이다. 평소 조회 수가 20~30만 회씩 나오던 채널도 막상 광고를 진행했는데 10만도 나오지 않아 모두가 애를 태우기도 하고, 평소에는 10만 회도 나오지 않는데 반응이 좋아 100만 회가 나오면 모두가 기뻐하기도 하는 것이 유튜브 인플루언서 마케팅이 가진 변수다. 조회 수가 예측치에 비해 너무 적게 나왔을 때는 크리에이터 소속사나 대행사 측에서 목표 조회 수에 미치지 못한 만큼 유튜브 광고를 돌리기도 하고, 반대로 광고 소재가 너무 잘 만들어졌을 때는 이를 더 확산하기 위해서 광고주 측에서 예산을 더 편성해서 광고를 돌리는 경우도 있다. 이렇듯 크리에이터를 여러 명 섭외해 진행하는 캠페인을 구성할 때 단순히 구독자 수에 따라 줄을 세우기보다 어떤 성격의 채널로부터 어떤 조회 수를 만들어낼지 복합적으로 구성해야 한다.

조회 수의 함정: 숫자 뒤의 가치를 파악하라

함정은 구독자 수에만 있지 않다. 조회 수에도 존재한다. 채널의 구독자가 다 같지 않은 구독자이듯, 조회 수를 만들어낸 시청자 역시 그 구성 요소에 따라 성격이 다르다. 앞서 언급한 핵심 팬덤을 통한 조회 수가 존재하는 한편, 소재가 흥미로워서 유입된 약한 팬덤의 조회 수도 존재한다. 어떤 캠페인은 조회 수는 많이 나왔으나 브랜드가 의도했던 반응이 전혀 일어나지 않는 경우가 있고, 어떤 캠페인은 조회 수에 비해 의도한 행동이 많이 일어나는 경우도 있다. 인플루언서 마케팅의 효율을 단순히 조회 수 대비 비용Cost-Per-View으로 산정할 수 없는 이유다.

오직 브랜딩에 초점을 맞춰 유튜브 인플루언서 마케팅을 한다면 메가 히트를 내는 크리에이터와 협업하는 것이 조회 효율 측면에서 좋다고 할 수 있겠으나, 특정 행동을 유도하는 '퍼포먼스'에 초점을 맞춘다면 조회 수는 그리 중요하지 않은 지표가 된다. 조회 수보다 크리에이터 채널이 가진 워너비적 속성과 유용한 정보를 전달해주는 큐레이터적 속성이 실제 구매 전환율에 영향을 많이 미친다. 이처럼 채널과 시청자의 관계에 따라 브랜디드 콘텐츠를 만들 때 고려해야 할 조회 수의 가치가 달라진다.

같은 채널이라도 기대 조회 수가 다를 수 있다는 점도 유의해야 할 부분이다. 영상마다 조회 수가 들쑥날쑥한 채널은 대부분 영상의 주제에 따라 조회 수 차이가 나는데, 이때 평균의 함정에 빠지기 쉽다. 리뷰 영상은 평균 조회 수가 10만, 일상 영상은 평균 조회 수가 1만에 그친다면 이 크리에이터의 기대 조회 수는 평균 5만이 아니라 주제에 따라 1만 또는 10만으로 봐야 한다. 그리고 매체력이 달라지기 때문에 진행하는 주제에 따라 협업 단가가 달라야 한다. 어떤 크리에이터와 협업할지 정했다 하더라도 그 크리에이터 채널에 영상이 어떤 식으로 편성되는지 보고, 브랜디드 콘텐츠를 어떤 편성 콘텐츠에 녹일지까지 검토해야 서로의 기대 수준을 맞출 수 있다.

'조금 안다'는 사람이
흔히 하는 오해

아예 모를 때보다 조금 알았을 때 생기는 선입견이 더 위험할 때가 있다. '내가 해봐서 아는데 말이야~'라며 자신의 짧은 경험을 바탕으로 내린 결론을 확정적인 전략 방향으로 수립하려는 분들이 그렇다. 아마 이 책을 읽으시는 분들 중에서도 유튜브 크리에이터와 몇 번 일을 해봤는데 가성비가 별로 안 좋다든지, 효과가 없었다든지 하는 결론을 내린 경우가 있을 것이다. 반복해서 이야기하지만 유튜브 인플루언서 마케팅은 여러 이해 관계자가 얽혀 있고, 독특한 매체 환경 속에서 이뤄지고 있으며, 사람을 통해 사람을 움직이는 일이라 난이도가 높은 마케팅 기법이다. 따라서 섣불리 결론을 내리지 않기를 권한다. 나 역시 이 책에 적은 내용이 정답이라 생각하지 않고, 문제를 푸는 하나의 해답이라 생각한다. 이 장에서는 유튜브 인플루언서 마케팅을 조금 진행해본 분들이 흔히 갖는 오해에 대한 이야기를 풀어볼까 한다.

뭉치면 살고 흩어지면 죽는다?

"크리에이터 채널에 올리는 것보다 우리 브랜드의 유튜브 채널에 모아서 올리는 것이 더 좋은 거 아닌가?"

유튜브 인플루언서 마케팅을 몇 번 해본 광고주라면 누구나 갖는 궁금증이다. 그중에 크리에이터 채널에 분산 게재를 하지 않고, 브랜드의 유튜브 채널에 모음 게재를 하는 것이 무조건 좋다고 믿는 사람들이 있다. 분산 게재를 하면 한 사람이 브랜드 관련 영상을 두 개 이상을 볼 가능성이 적지만, 브랜드 채널에 모음 게재를 하면 그 가능성이 높아지지 않겠느냐는 것이다. 예를 들어 치킨 브랜드에서 새로운 메뉴가 나왔는데 이것을 다섯 명의 크리에이터 채널에 분산 게재하지 않고, 치킨 브랜드가 직접 운영하는 유튜브 채널에 모아서 게재해야 더 효과가 좋을 것이라는 생각이다.

분산 게재와 모음 게재는 맞고 틀리고의 문제가 아니라 장단점의 문제다. 모음 게재의 장점은 브랜드의 채널에 올리다 보니 브랜드가 원하는 방향대로 조율하기 수월하고, 협의하기에 따라 영상 저작권을 갖고 올 수도 있으며, 무엇보다 내 땅에 집을 짓는 느낌이 있어 좋다. 이 같은 모음 게재의 장점은 분산 게재의 단점과 맞닿아 있다. 분산 게재할 경우 채널 소유주가 크리에이터다 보니 크리에이터가 받아들이지 않을 때 강행하기 어려운 측면이 있고, 영상 저작권이 크리에이터에게 있으며, 열심히 돈을 썼는데 막상 자기 집을 짓지 못한 것 같은 아쉬움이 있다.

한편, 모음 게재의 단점은 채널이 크리에이터 채널만큼 활성화되지 못하다 보니 조회 수가 잘 나오지 않아 매체비를 추가로 집행해야 한다는 것, 어쩌다 조회 수가 잘 나왔다 하더라도 그게 크리에이터의 영향력이었다면 다음에 다른 크리에이터 영상을 게재했을 때 그만큼의 조회 수를 기대할 수는 없다는 것, 크리에이터의 영향을 덜 받기 위해 기획과 포맷으로 승부하고자 했을 때 정작 개별 크리에이터의 매력이 충분히 드러나지 않아 이도 저도 아닌 애매한 영상이 될 위험이 있다는 것 등이다.

모음 게재의 단점 역시 분산 게재의 장점과 맞닿아 있다. 조회 수 예측이 채널에 상관없이 비교적 안정적이긴 하나 기대 이상의 큰 효과를 거두기는 어렵다는 점, 각 영상에서 크리에이터의 매력을 충분히 살릴 수 있지만 그 다양한 매력을 한 브랜드 안에서 일관되게 관리하기란 쉽지 않다는 점을 고려해야 한다.

브랜드의 유튜브 채널을 제대로 키워보려 한다면 크리에이터 영상을 모아서 게재하는 것도 좋은 시도이다. 하지만 특정 크리에이터에게 의존하지 않은 채 여러 크리에이터를 섭외하며 채널을 키우는 것은 매우 난이도가 높은 작업이다. 중앙 기획이 잘 잡혀 있어야 하고, 섭외된 크리에이터의 매력을 잘 뽑아낼 수 있는 연출력까지 갖춰야 하기 때문이다. 크리에이터 중에 본인 채널이 아닌 다른 채널에 출연해서도 제 역할을 잘 소화하는 사람이 있는 반면, 그렇지 않은 사람도 많기에 구독자 수만 보고 섭외했다가 원래 채널에서 보여주던 크리에이터의 매력을 반도 끌어내지 못하는 상황이 벌어지기도 한다. 크리에이터는 스스로 기획, 연출, 출연을 하는 사람이기에 누군가의 연출을 받는 것에 익숙지 않다는 점을 기억할 필요가 있다.

따라서 크리에이터와 아직 작업을 많이 해보지 않은 브랜드라면 분산 게재부터 시도해볼 것을 권한다. 분산 게재를 통해 자신의 브랜드가 크리에이터를 통해 어떻게 표현되는지 지켜보고, 이후 브랜드 채널에 직접 정기 콘텐츠 편성을 할 때 참고하면 좋겠다. 분산 게재를 맡긴 크리에이터 영상이 너무 마음에 들어서 2편, 3편을 찍고

크리에이터와의 협업으로 만든 콘텐츠를 브랜드 채널에 모음 게재한 한화 라이프플러스.

▶ 출처: 유튜브 'LIFEPLUS'

싶다면, 그때가 모음 게재를 하기 좋은 타이밍이다. 크리에이터 채널에 같은 브랜드의 브랜디드 콘텐츠를 여러 편 게재할 수 없으니 브랜드 채널에 납품하는 식으로 편성하는 것이다. 예를 들어 한화 라이프플러스는 크리에이터 슈카 채널에서 진행한 협업에 만족을 느끼고 이후 브랜드 채널에 연재식으로 슈카의 영상을 게재했다.[6]

조회 수는 많은데
구매는 없다?

유튜브 인플루언서 마케팅을 처음 진행하는 마케터는 대개 조회 수 걱정을 한다. 이 정도 예산을 쓰면 합해서 100만 정도의 조회 수가 나올 거라 윗선에 보고했는데, 혹시라도 이에 한참 미치지 못할까 불안해한다. 그래서 광고 대행사를 통해 매체 광고를 돌려 조회수를 채우더라도 일정 조회 수를 보장해달라는 요청도 하고, 타깃에는 조금 맞지 않더라도 조회 수가 잘 나오는 크리에이터를 섭외해서 전체 조회 수를 맞춰보기도 한다. 크리에이터나 소속사 입장에서도 예상만큼 조회 수가 오르지 않을 때 조마조마하기는 마찬가지다. 광고주나 대행사 관계자가 크게 실망하고 자신에 대한 신뢰가 떨어지지 않을까 두려운 마음에 어떻게든 부족한 조회 수를 만회해보려고 썸네일을 바꾸거나 광고를 집행하는 방식으로 갖은 노력을 한다.

그런데 몇 번 해보다 보면 새로운 고민이 생긴다. '이거 조회 수만 많고 실속은 없는 거 아니야?' 실속이 없다는 것은 비타깃 시청자들이 봤다는 뜻이거나 타깃층이 조회한 것은 맞지만 의도했던 행동이 일어나지 않았음을 뜻한다. 예를 들어 브랜드는 여성 타깃인데 영상 조회는 남성 비중이 높았거나, 브랜드는 30대 타깃인데 영상 조회는 20대 초반이 대부분이었다면 높은 조회 수가 반갑지만은 않다. 또는 의도한 타깃에 노출이 잘 되었다 하더라도 이벤트 참여 또는 앱 다운로드 등의 행동이 원하는 만큼 이뤄지지 않았을 때는 (그나마 조회 수라도 잘 나왔으면 다행이긴 하겠으나) 유튜브 인플루언서 마케팅에 대해서 회의를 갖기 시작한다. '조회 수가 1,000만이 되면 뭐하나. 회사 매출 지표상 아무런 변화도 없는데.'

이렇게 '조회 수는 많은데 구매는 없다'고 믿고 있는 마케터 분들에게는 이렇게 말씀드리고 싶다. 유튜브 인플루언서 마케팅은 설계의 미학이다. 어떻게 설계하느냐에 따라 같은 예산, 같은 크리에이터와 협업을 하고도 전혀 다른 결과를 낼 수 있다. 또한 유튜브 인플루언서 마케팅은 균형의 미학이다. 누구 하나 욕심을 내서 균형이 깨지면 모든 것이 와르르 무너질 수 있다. 앞선 장에서 이야기했듯이 크리에이터는 매 영상을 올릴 때마다 구독자의 심기를 불편하게 하지 않기 위해 최선의 노력을 기울인다. 크리에이터 채널에 마케팅 메시지를 거부감 없이 녹이는 일은 브랜드와 크리에이터, 시청자가 골고루 만족할 수 있는 '만족의 균형'을 찾는 과정이라고 이해해주길 바란다.

그런데 이 같은 설계와 균형을 어렵게 하는 광고주의 흔한 요청이 있다. '조회 수도 잘 나오게 해주시고, 마케팅 메시지도 잘 전달되게 해주시고, 제품명도 확실히 기억되게 해주시고, 구매 링크를 통한 구매도 잘 나오게 해주세요.' 흡사 요술을 부려달라는 요청 같아 보이는 이 주문은 유튜브 인플루언서 마케팅에 대한 강한 기대감에서 비롯된 것일 수 있으나 현실적으로는 구현하기 어렵다는 점을 인지했으면 좋겠다. 이렇게 요청하기보다 '조회 수만 확실하게 나오게 해주세요', '정확한 정보 전달에 집중했으면 합니다', '제품 이름만 기억에 남도록 하고 싶어요', '조회 수보다는 구매 수치를 올려주세요' 등과 같이 구분해서 요청하는 방식이 더 효과가 좋다. 조회 수가 많으면서 구매까지 많은 설계는 아주 가끔 일어나는 일로, 그것도 많은 운이 따라야 하는 어려운 작업이다.

그럼 유튜브 인플루언서 마케팅에서도 구매를 유도하는 캠페인 또는 특정 행동을 유도하는 캠페인(이를 통칭해서 '전환 유도형' 캠페인이라 부르겠다)이 가능할까? 조회 수에 집착하지 않고 재밌는 기획에 집착하지 않는다면 어느 정도 기본적인 설계가 가능하다. 자세한 실무 이야기는 4장에서 더 다루겠지만 앞서 말한 크리에이터의 매체력과 조회 수의 가치에 대한 이해가 설계의 시작이라 보면 된다. '전환 유도형' 캠페인에서는 조회 수의 양보다 질이 중요하다. 크리에이터와 시청자와의 관계에서 닮고 싶어 하는 정도와 신뢰하는 정도에 따라 크리에이터의 말이 시청자의 행동에 미치는 영향이 다르다. 또 평소 콘텐츠의 스타일이 가벼운 유희인지, 진지한 정보 전달인지에 따라서도 행동에 미치는 영향이 다르다. 예를 들어 잔잔한 브이로그 채널은 조회 수가 폭발적으로 나오지는 않지만 삶의 구석구석에 관심을 보이는 시청자가 대부분이므로 전환 유도형 캠페인에 잘 어울린다.[7]

정리하자면, '조회 수는 많은데 구매는 없다'는 것은 잘못된 기대 수준과 잘못된 캠페인 설계에서 기인한 오해다. 조회 수와 구매 전환은 분리해서 기대하는 것이 좋다. 또는 20명의 크리에이터를 섭외할 때 10명은 조회 수, 10명은 구매 전환에 집중하는 식으로 섭외 조합을 짤 수도 있겠다. 조회 수도 잘 나오면서 구매까지 바로 연결되는 일은 거의 없다고 생각하는 것이 현실적인 접근이다.

브랜드와 크리에이터가 완벽히 매칭되어야 한다?

뷰티 제품은 뷰티 크리에이터에게 맡기고, 패션 제품은 패션 크리에이터에게 맡기고, 전자 기기는 전자 기기 리뷰를 전문으로 하는 크리에이터에게 맡겨야 한다는 것이 인플루언서 마케팅을 처음 할 때 흔히 하는 생각이다. 물론 아주 잘못된 이야기는 아니지만, 장르를 꼭 맞추는 것이 좋은 매칭이라는 선입견에서 벗어날 필요가 있다.

사실 특정 장르를 리뷰하는 크리에이터의 경우 협찬에 구애받지 않고 독립적으로 리뷰를 하는 것이 채널의 핵심 요소이기에 크리에이터 스스로도 협찬에 대한 거부감이 존재한다. 자신의 리뷰가 지니는 객관성이 손상될 수 있기 때문이다. 리뷰 영상을 '숙제 영상'이라 부르게 된 것도 그런 우려에 대한 표현이 아닌가 한다. 유료 협찬 리뷰는 광고를 맡기는 사람에게도 부담스럽기는 마찬가지다. 평소 솔직하게 장단점을 이야기하던 크리에이터에게 과연 브랜드의 단점도 언급하게 해야 자연스러운가? 장점만 언급하게 하면 부정적 댓글이 많이 달릴까? 시청자들의 신뢰를 잃게 되지는 않을까? 등 많은 고민을 하게 된다. 따라서 이러한 고민을 피해 가기 위해서라도 광고주 브랜드와 크리에이터 장르의 이종 결합을 고려해봄직하다.

국내 굴지의 화장품 브랜드도 인플루언서 마케팅 초기에는 뷰티 크리에이터와 많은 협업을 진행했지만, 최근에는 어차피 소비자 입장에서는 뷰티 영상뿐 아니라 저마다 다른 취향의 유튜브 영상을 본다는 사실을 인지하고, 뷰티 관련 채널 밖에서 고객과의 접점을 찾기 시작했다. 때로는 코미디 크리에이터를 통해[8], 때로는 스톱 모션 크리에이터를 통해[9] 화장품을 단순히 리뷰하기보다 화장품과 관련된 이야기를 사람들과 즐겁게 나누는 방식을 택하고 있다.

정보성 리뷰에만 집중한다면 장르를 맞출 필요가 있겠으나 유튜브 인플루언서 마케팅의 범위는 리뷰뿐 아니라 상황극, PPL, 애니메이션, 이벤트 등 무궁무진한 형태로 이뤄진다. 그러므로 크리에이터 매칭 단계에서 장르의 유사성에 갇히지 말고 크리에이터의 창의성에 집중하여 우리 브랜드로 어떤 재미있고 임팩트 강한 이야기를 만들어 소비자들과 나눌지 고민해보기 바란다.

고객과의 접점을 '뷰티' 밖에서 찾아 인플루언서 마케팅을 진행한 라네즈.

▶ 출처: 유튜브 '유병재'

단순한 리뷰에서 벗어나 제품 관련된 이야기를 자연스럽게 나눌 수 있는 콘텐츠를 만드는 스톱모션 크리에이터와 협업하였다.

▶ 출처: 유튜브 '셀프어쿠스틱selfacoustic'

피할 수 없다면
대비가 답이다

아무리 유튜브 인플루언서 마케팅을 많이 진행해본 실무자라도 항상 겪을 수밖에 없는 운영상의 난제가 존재한다. 일종의 태생적 난제랄까. 이 마케팅 기법이 아무리 고도화된다 하여도 클릭 몇 번으로 어려운 문제가 해결될 수는 없다. 목표를 세우고, 그에 맞춰 사람을 찾고, 사람을 섭외하기 위한 설득을 거치고, 영상을 만들고, 그 영상을 고쳐 달라 하고, 그렇게 수정한 영상을 올리기까지 일련의 과정은 당분간 사람의 숙련도에 의지해야 하는 노동집약적 업무임에 틀림없다.

물론 데이터를 기반으로 추천을 고도화하고, 전화나 메일이 아닌 별도 개발 플랫폼을 이용하면서 감정 노동을 최소화할 수는 있겠으나 다양한 운영상의 어려움이 존재한다는 것은 인정하고 시작해야 한다. 시작 전 마음의 준비를 한다는 생각으로, 이 장에서는 유튜브 인플루언서 마케팅을 진행할 때 감수해야 할 운영상의 어려움에 대해 짚어보도록 하겠다.

크리에이터의 편성에 따른 일정 조율

크리에이터와 영상을 제작하는 실무 차원에서 늘 어려움을 겪는 문제가 일정이다. 특히 많은 광고주가 찾는 인기 크리에이터의 경우 일정 조율이 캠페인의 진행 여부를 결정짓는다고 해도 과언이 아니다.

대부분의 크리에이터에게는 편성 일정이 있다. 제작에 들어가는 시간이 상대적으로 많지 않은 라이브 기반 채널은 하루에 하나씩, 많게는 하루에 라이브 영상을 두세 개로 편집해서 다량의 업로드를 하는 반면, 제작에 시간이 많이 걸리는 채널은 일주일에 한 개를 편성하기도 한다. 후자의 경우 한 달에 네 개에서 다섯 개의 영상이 올라가는데, 유료 광고가 포함된 브랜디드 콘텐츠로 편성할 수 있는 영상이 평균 한두 개라 보면 된다. 따라서 광고 수요가 많은 채널이라면 보통 두세 달 동안의 광고 일정이 미리 예약되어 있기에 원하는 날짜에 업로드하려면 미리미리 일정을 잡아야 한다. 일반 유튜브 광고라면 광고주가 원하는 시점에 원하는 만큼 영상을 노출할 수 있지만 크리에이터의 채널을 활용하는 경우는 TV 광고를 진행할 때처럼 TV 편성표에 맞춰 사전에 예약을 해야 하는 것이다. 어찌 보면 유튜브 광고보다 TV 광고의 속성과 유사한 측면이 있다. 따라서 인기 크리에이터 여럿과 작업을 하기 위해서는 2~3개월 전부터 계획을 세우고 준비를 해야 원하는 구성으로 좋은 캠페인을 진행할 수 있다.

그러나 그게 말처럼 쉬운 일은 아니다. 광고주 입장에서는 인플루언서 마케팅이 여러 종합적인 캠페인 활동 중 일부일 뿐이라 이 부분만 따로 떼어서 미리 준비한다는 게 무척 어렵다. 미리 광고를 잡아두었다고 하더라도 다른 캠페인의 준비 상황에 따라 전체적인 광고 온에어 시점(미디어를 통해 노출되기 시작하는 시점)이 1~2주 밀리거나 당겨지는 경우가 다반사인데, 이렇게 되면 크리에이터의 편성 일정도 꼬이기 때문에 막판에 조율이 어려워 준비를 거의 다 마친 상황에서 업로드를 못하는 일도 생기게 된다.

결국 이 문제에서 정답은 없다. 광고주와 크리에이터가 얼마만큼 서로의 상황을 이해하고 조율할 수 있느냐의 문제고, 조율하는 과정에서 실무자 사이에 얼마나 감정 노동을 하지 않고 제3의 해결책을 찾느냐의 문제다. 특히 톱 크리에이터와 광고를 진행한다면 업로드하는 순간까지 수많은 협상과 조율이 존재한다는 사실을 인지하고 주어진 상황에서 최선의 결과를 내는 쪽으로 힘을 모으는 수밖에 없다.

빠듯한 일정에서 가장 많이 힘을 빼야 하는 부분은 제작 기획안 및 업로드 전 가편집본에 대한 컨펌을 받는 과정이다. 광고주와 크리에이터가 직접 거래하는 경우라면 덜하겠지만 중간에 대행사가 여럿 있다 보면 컨펌 의사를 전달하고 전달받는 데만도 오랜 시간이 걸리기에 이 부분을 얼마나 효율적으로 진행하는지가 캠페인 성사 여부를 결정짓는다고 할 수 있다. 따라서 일정이 빠듯하거나 중간에 대행사가 많다면 크리에이터를 믿고 자율성을 최대한 보장해주는 편이 좋다. 그러기 위해서도 역시 광고 경험이 많고 좋은 사례를 많이 쌓은 크리에이터와 협업하는 것이 안정적이다.

여러 사람이 크리에이터에게 이런 저런 요구를 넣다 보면 자칫 콘텐츠가 산으로 갈 수 있기에 가장 핵심이 되는 부분만 챙기고 크리에이터 스스로가 자신의 채널에 가장 어울리는 형태로 광고 효과를 낼 수 있도록 자유를 주는 것이 가장 좋다.

입장에 따라 다른
내용과 구성에 대한 합의

바로 앞서 언급한 바와 같이 실무 차원에서 가장 많은 에너지를 쓰게 되는 영역은 크리에이티브 컨펌, 즉 영상 내용에 대한 합의이다. 크리에이터마다 차이는 있겠지만 일반적으로 크리에이티브 합의는 두 단계로 나눠 진행한다. 영상 기획안에 대한 합의와 촬영 후 가편집본에 대한 합의다.

영상 기획안은 영상 제작 전 영상의 전체적인 흐름을 설명하고, 어떤 지점에 어떻게 브랜드의 마케팅 포인트를 녹여낼지 광고주가 상상할 수 있도록 돕는 문서다. 크리에이터에 대한 이해가 높고, 평소 해당 크리에이터가 어떻게 광고 메시지를 표현하는지 익숙한 광고주라면 기획안 조율 과정이 그리 어렵지 않다. 하지만 크리에이터와 작업 경험이 많지 않고 크리에이터 영상을 한 번도 제대로 보지 않은 채 광고를 의뢰한다면 기획안 조율부터 난항을 겪는다. 광고주는 더 '광고스러운' 영상을 원하고, 크리에이터는 '자연스러운' 영상을 원하는 가운데서 마케팅 포인트를 집어넣으려다 보니 이 과정에서 모든 중간 담당자들이 지치기 쉽다.

하지만 진짜 문제는 가편집본 합의에 있다. 기획안대로 촬영을 했음에도 서로의 입장 차 때문에 이때 대립이 발생하는 경우가 많다. 가편집본을 본 후 광고주는 '우리가 기대했던 건 이런 영상이 아니야'라고 하고, 크리에이터는 '난 우리가 합의한 기획안대로 제작했을 뿐이야'라고 한다. 또는 기획안대로 충실히 촬영되었음에도 광고주 측의 내부 보고 과정에서 특정 임원이 영상을 마음에 들어 하지 않다는 이유로 핵심 내용을 걷어내거나 새로운 장면을 추가해달라는 요청을 받기도 한다. 물론 비용을 지불하는 광고주 입장을 최대한 반영하면서, 어떻게 하면 시청자들이 불편하게 느끼지 않도록 할까 고민하는 것이 크리에이터와 광고 담당자의 몫이기도 하다.

확실하게 말할 수 있는 것은 기획안 합의보다 실제 영상으로 구현된 가편집본에서의 합의가 평균적으로 시간도 오래 걸리고 더 많은 에너지가 쓰인다는 점이다. 광고 영상을 올렸을 때 시청자들이 어떻게 반응할지에 대해 크리에이터가 가장 잘 알고 있기에 이 부분을 존중해달라는 요청을 하기도 하지만, 광고주 입장에서는 상업적 메시지가 잘 드러나지 않는다면 브랜드 협업의 매력이 떨어질 수밖에 없다. 그러므로 이 둘 사이의 적절한 균형을 찾는 것이 이 과정의 핵심이다.

크리에이터가
광고를 거부한다면?

아무리 광고주가 높은 단가를 책정해서 원하는 크리에이터와 광고를 진행하고자 해도 그 크리에이터가 거절을 한다면 아무것도 진행할 수 없는 것이 유튜브 인플루언서 마케팅이다. 중소 크리에이터라면 다른 비슷한 매체력과 성향의 크리에이터로 대체할 가능성이라도 있지만 몇몇 상징적인 톱 크리에이터는 대체 자체가 불가능할 때가 많다. 광고주들이 대부분 '이 크리에이터와 꼭 진행하고 싶다'는 의사를 갖고 캠페인을 문의하기 때문이다. 특히 크리에이터 여럿을 동시에 섭외하는 단체 계약의 경우 보통 핵심이 되는 톱 크리에이터가 존재하는데, 이 톱 크리에이터의 섭외가 불발되어 캠페인 전체가 취소되기도 하고, 대체 크리에이터를 찾기 위해 진땀을 빼는 일도 다반사다.

　광고주 측에서 아무리 진행을 원해도 톱 크리에이터가 여러 가지 이유로 진행을 거절할 때 이를 설득하는 과정은 녹록지 않다. 크리에이터 입장에서 진행을 원치 않는 가장 큰 이유는 '시청자들이 좋아하지 않을 것 같아서'이다. 누구보다 자기 채널의 시청자가 무엇을 좋아하고 싫어하는지 잘 파악하고 있는 크리에이터에게 '시청자들이 싫어하면 좀 어떠냐'는 말을 할 수는 없는 노릇이다. 크리에이터에게 시청자는 가장 고마운 존재이자 가장 무서운 존재이다. 10년을 구독하고 봐왔어도 영상 하나 잘못 올리면 바로 등을 돌릴 수도 있는 것이 시청자들이기 때문이다. 시청자 입장에서도 이 사람이 아니더라도 볼 만한 다른 크리에이터가 많기에 애정과 신뢰가 조금만 흔들려도 그길로 채널에 발길을 뚝 끊을 수 있다.

몇몇 광고주는 크리에이터 섭외가 진행되지 못할 때, 즉 크리에이터가 광고를 받지 않겠다는 의사를 표시했을 때, 소속사의 매니지먼트 역량을 의심하기도 한다. 그 정도도 설득을 못 시키면서 무슨 매니지먼트냐고 지적하기도 한다.

그러나 소속사에서 바라보는 입장을 살짝 이야기하자면, 톱 크리에이터의 경우 하루에도 적게는 두세 개, 많게는 10건 이상의 광고 제휴 문의가 들어오기에 애초에 모든 광고를 다 진행하고 싶어도 진행할 수 없는 것이 현실이다. 따라서 단순히 브랜드가 싫거나 소속사에서 장악력이 없어서 광고가 진행되지 않는다고 생각하지 말아주었으면 한다. 경쟁자가 많거나, 일정이 바쁠 뿐이고, 경우에 따라서는 어떻게 브랜드를 자신의 채널에 녹여야 할지 전혀 감이 잡히지 않을 뿐이다.

크리에이터에 대한
부정적 이슈가 발생할 때

크리에이터와 광고를 진행하면서 가장 예측할 수 없는 부분이 바로 크리에이터 자체에 대한 이슈다. 자주 발생하는 일은 아니지만 크리에이터와 관련된 부정적 이슈가 언제든 터질 수 있다는 것이 유튜브 인플루언서 마케팅을 어렵게 만드는 또 다른 요소다.

대부분의 크리에이터가 영상에서 많은 말을 하고, 또 대본 없이 즉흥적으로 생각나는 대로 말을 하기 때문에 특정 발언이나 행동을 문제 삼기 좋아하는 네티즌들의 공격에 매우 취약한 편이다. 그나마 편집을 거쳐 영상을 올리는 크리에이터는 편집 과정이라는 1차 안전망이 있지만 라이브를 기반으로 하는 크리에이터는 언제 어떤 발언이 문제로 포착되어 기삿거리로 쓰일지 알 수 없다. 구더기 무서워 장 못 담그는 격이 되어서는 안 되겠지만 크리에이터와 협업할 때는 최소한 이러한 위험 부담을 미리 잘 인지하고 있어야 한다.

과거에 비해 크리에이터에 대한 기사가 많이 나온다는 것은 그만큼 크리에이터의 영향력이 커졌다는 반증이기도 하다. 수요가 있는 곳에 공급이 있기 때문이다. 예전 같았으면 그냥 뒷골목 잡담 정도로 치부되었을 말들이 이제는 공인으로서 사회적 책임을 요하는 발언으로 그 의미가 격상된 셈이다. 그래서 이전에 비해 크리에이터도 발언과 행동을 조심할 수밖에 없는 상황이 되었다. 혹시라도 오해를 살 만한 발언을 했다면 고정 댓글을 통해 해명하거나 별도의 해명 영상을 올려 사태를 빠르게 진정시키기 위해 노력한다.

이처럼 평소 선한 이미지의 크리에이터가 특정 사건을 계기로 이미지 실추를 겪기도 하고, 평소 가벼워 보이던 크리에이터가 알고 보니 여러 미담을 가진 속 깊은 인물로 재조명되기도 한다. 크리에이터는 매체이기 이전에 사람이다. 따라서 완벽할 수 없고 비범한 모습 이면엔 실수투성이의 모습도 있으며 감추고 싶은 과거도 있다. 그러므로 누군가의 선한 영향력을 활용해 마케팅을 하고자 할 때는 항상 반대의 위험 부담이 따를 수도 있다는 사실을 기억해야 한다.

3부를 마치며

유튜브 인플루언서 마케팅의 설계에 있어 구독자 수와 조회 수의 진짜 의미를 알아야 한다. 흔히 인플루언서의 영향력을 가늠하는 척도로 구독자 수를 가장 많이 살피는데, 채널 구독 수가 많다 하더라도 영상을 거의 시청하지 않는 휴면 구독자의 비중이 높은 채널이 있기 때문에 주의할 필요가 있다. 그보다는 최근 영상 조회 수, 댓글 반응, 크리에이터 채널의 생애 주기 등을 복합적으로 살피는 것이 중요하다.

구독자 수를 기준으로 인플루언서를 메가, 매크로, 마이크로 인플루언서라고 구분, 그에 따라 섭외 전략을 강구하곤 하는데, 이 역시 조회 수를 중심으로 섭외 구성을 강구하는 것이 좋다. 총 500만 회의 조회 수를 얻고자 한다면 100만 이상 조회 수의 메가 히트급 세 명, 10만 이상 조회 수의 히트급 다섯 명, 1만 이상 조회 수의 마이크로 히트급 10명을 섭외하는 것으로 설계하는 것이다.

그렇다고 모든 기준을 조회 수에 맞춰서는 안 된다. 조회 수는 높지만 마케팅으로 의도했던 소비 행동이 일어나지 않을 수 있다. 그러므로 댓글 반응을 확인하면서 시청자들이 채널 영상에 어느 정도 반응하는지, 그들의 충성도가 어느 정도 되는지 가늠하는 과정이 필요하다.

그 외로 게재 형태는 의도하는 실질적 효과와 매체 확산력을 고려하여 선택해야 하고, 광고 수요가 많은 인기 크리에이터 일수록 일정 조율과 내용 합의가 쉽지 않다는 점을 유념하자.

YouTube
Marketing

| 4부 |

구매율을 끌어올리는
유튜브 마케팅의 성공 노하우

: 유튜브 인플루언서 마케팅 실전편

교양 과목에 이어 전공 기초까지 이수했으니 이제 전공 심화 과정에 들어갈 차례다. 그런데 미리 알리고 싶은 것이 있다. 4부는 '유튜브 인플루언서 마케팅 이렇게 따라해보세요'라는 지침서라기보다 '유튜브 인플루언서 마케팅의 각 단계에는 이런 의미가 있어요'라는 해설서에 가깝다는 것이다. 물론 내용 중 이렇게 하면 좋다는 권장 사항이 포함되어 있으나, 그 역시 왜 그렇게 하는 것이 비교적 나은지 충분한 이해가 선행되어야 한다. 유튜브 인플루언서 마케팅은 새롭고 복잡하며 신경 써야 할 사항이 많기에 실무자의 경험 부족에서 발생하는 오해와 갈등이 다반사다. 이러한 불편을 조금이라도 줄이고 실무자의 만족도를 높여보고자 하는 것이 4부의 집필 의도다. 아는 만큼 보이고 아는 만큼 편하다.

첫 단추만 잘 꿰어도
절반은 성공한다

유튜브 인플루언서 마케팅을 하고 싶다고 들어오는 의뢰들을 살펴보면 요청하는 내용이 각양각색이다. 어떤 광고주는 10대 취향의 크리에이터를 추천해달라고 연령 타깃만 달랑 주기도 하고, 어떤 광고주는 간단한 마케팅 메시지만 전달하고 나머지는 크리에이터가 알아서 해달라며 자율에 맡기기도 한다. 이미 크리에이터가 풀어야 할 구성을 미리 잡고 이 구성대로 진행할 수 있는 크리에이터를 섭외해달라고 요청하기도 한다. 나의 경험상 섭외에서 꼬이기 시작하면 끝까지 고생할 확률이 높다. 따라서 이 장에서는 광고주가 섭외를 잘하기 위해 섭외 전에 미리 준비하고 생각해야 할 항목들을 소개하고자 한다.

어떤 메시지를
어떻게 녹여낼 것인가

누가 마케팅 메시지도 없이 마케팅을 위한 섭외를 하나 싶겠지만 실제 회사를 통해 들어오는 다양한 협업 문의를 보면 이 부분을 많이 빠뜨리곤 한다. '그냥 저희 브랜드에 대해서 알아서 재밌게 풀어주세요'라는 요청을 받을 때면 고개가 갸우뚱해질 수밖에 없다. 정말 끝까지 믿고 업로드할 때까지 일체 관여를 하지 않을까?

실제로 '자유롭게 제작을 해도 좋다'며 의뢰한 회사들 중에는 영상을 보고 나서 '저희가 기대했던 것과 매우 다르다'며 진행을 못하겠다고 하는 경우가 많다. 실컷 작업을 다 해놓고 뒤엎는 일이 발생하지 않게 하기 위해서라도 초반에 서로의 기대 수준을 맞추는 것이 중요하다. 그러기 위해서 마케터가 준비해야 하는 것이 바로 '마케팅 메시지' 또는 '마케팅 포인트'다.

"얼마든지 자유롭게 구성하셔도 좋은데 이 포인트만은 살려주세요."라는 형태가 가장 수월한 협업을 이끌어낸다. 여러 크리에이터와 작업할 때는 여러 개의 마케팅 포인트를 주면서, "크리에이터에 따라 다음의 다섯 가지 마케팅 포인트 중 한두 개를 꼭 넣어주세요."와 같은 방식으로 요청을 주는 것도 좋다. 마케팅 메시지는 구체적인 문구여도 좋고, 이 제품의 어떤 특징이 부각되었으면 한다와 같이 속성을 짚어주는 것도 좋다.

　같은 광고라 하더라도 크리에이터에 따라 마케팅 포인트를 상황 속에 자연스럽게 녹이는 경우도 있고[1], 영상의 흐름을 잠깐 끊고 익살스럽게 별도의 상황 속에서 광고 메시지를 표현하기도 하고[2], 성대 모사로 광고 메시지를 전달해 광고를 콘텐츠화시키기도 한다.[3] 영상 중에 언급해달라고 요청하는 메시지가 많을수록 시간을 많이 할애해야 하고, 그럴수록 전체 흐름이 부자연스러워질 수 있기에 크리에이터들은 여러 묘수를 쓴다. 광고 메시지를 전달하면서 그동안 어떻게든 시청자의 이탈을 막아야 하기 때문이다.

메시지 전달을 극대화시키는 마케팅 콘텍스트

마케팅 메시지를 정했으면 다음 고민은 메시지를 둘러싼 콘텍스트context, 즉 맥락을 정하는 일이다. 어떻게 하면 앞에 정한 마케팅 메시지가 효과적으로 전달될 수 있을지 고민하는 단계이다. 예를 들어 고급 카본 소재 스마트폰 케이스를 홍보한다고 할 때, '100퍼센트 카본 소재', '고가인 만큼 마감처리가 깔끔', '높은 재구매율' 등을 마케팅 메시지로 정했다고 하자. 그럼 이 메시지를 코믹하게 전달할지, 일상 속의 대화 중에 자연스럽게 녹일지, 아니면 예상치 못한 참신한 방식으로 풀지 고민해야 한다. 그에 따라 섭외할 크리에이터가 달라지기 때문이다. 친근한 대화 속에서 마케팅 메시지를 전달하고자 한다면 평소 대화 속에서 고가의 제품 이야기를 자주 하는 크리에이터를 떠올리고 탐색에 들어가면 된다. [4]

마케팅 메시지를 전달하는 맥락으로는 여러 가지가 있지만 대표적으로 대세감, 친근감, 유쾌함, 신뢰감, 참신함을 꼽을 수 있다. 전하고자 하는 마케팅 메시지에 따라, 협업하고자 하는 채널에 따라 이 다섯 가지 마케팅 콘텍스트의 특징을 잘 이해하고 활용해야 한다. 이를 조금 더 구체적으로 하나하나 이야기해보자.

슈퍼카 오너들과의 대화 속에서 의도했던 마케팅 메시지를 자연스럽게 전하고 있다.

▶ 출처: 유튜브 '우파푸른하늘Woopa TV'

대세감과 후광효과

대세감은 대세 크리에이터가 갖고 있는 후광효과를 브랜드에 입히는 콘텍스트이다. 당대 가장 유명하고 인기 있는 연예인을 모델로 해서 TV 광고를 찍는 것과 유사한 맥락이다. 조회 수가 많이 나오는 톱 크리에이터라면 자체 채널만을 통해서도 많은 조회 수가 나온다는 장점이 있고, 조회 수는 많이 나오지 않더라도 구독자가 많고 인지도가 높은 크리에이터를 모델로 하면, 크리에이터 채널 밖에서 추가로 확산시켰을 때에도 좋은 반응을 얻을 수 있다. 대세감은 유튜브 인플루언서 마케팅을 처음 시도하는 광고주들이 가장 쉽게 찾는 콘텍스트이다. 크리에이터로 시작해 TV 방송까지 무대를 확장하며 대중적 인지도를 높이고 있는 크리에이터 도티나 10년 넘게 게임 방송을 진행하면서 10대부터 30대까지 게임 방송을 즐기는 사람이면 모르는 사람이 없는 스트리머 풍월량과의 협업은 크리에이터가 지닌 대세 이미지를 활용하는 사례라 할 수 있다.[5, 6]

롯데마트가 크리에이터 도티와 진행한 인플루언서 마케팅 영상.

▶ 출처: 유튜브 '도티 TV'

친근감

친근감은 유튜브 인플루언서 마케팅 콘텍스트 중 가장 비중이 크다고 할 수 있다. 앞서 '아바타'에 비유해서 설명했듯이 인플루언서 마케팅을 하는 가장 큰 이유는 거부감 없이 자연스럽게 광고를 하기 위함이기에 이 친근감이야말로 가장 보편적으로 사용되고 있는 콘텍스트이다. 크리에이터가 유명하거나 채널이 크지 않아도 마케팅 메시지를 언급했을 때 관심 있을 시청자가 편안하게 느끼도록 영상 속에 자연스럽게 표현하는 것이 바로 이 친근감 콘텍스트의 핵심이다. 자신의 친구, 형, 누나, 동생에게서 브랜드를 소개받는 느낌을 주는 마케팅으로, 과거의 마케팅 방식 중 '구전 마케팅'에 가깝다고 볼 수 있다. 자신의 지인이 유명하지 않아도, 또 제품 설명을 영업사원처럼 잘하지 않아도, '야, 이거 써보니 좋더라'라고 했을 때 느껴지는 호기심과 관심을 활용하는 것이다.

유쾌함

유쾌함은 광고지만 콘텐츠 욕심을 내고자 할 때 적용할 수 있는 콘텍스트이다. 마케팅 메시지를 재밌는 기획을 통해 웃음과 함께 전하는 방식이다. 코미디로 분류될 수 있는 채널, 유쾌한 상황극을 다루거나 병맛 이야기로 웃음을 주는 채널 등이 섭외 대상이 된다. 유쾌함이라는 콘텍스트의 특징은 브랜드 메시지의 정확한 전달보다는 브랜드의 이미지에 변화를 줄 수 있다는 데 있다. 평소 보수적이고 딱딱하다고 여기는 브랜드일 경우 이 방식을 잘 사용하면 브랜드 이미지 개선 및 각인에 효과적이다.[7, 8] 크리에이터라면 누구나 저마다의 유머 코드를 가져가기 마련인데, 여기서 말하는 유쾌함은 그 채널의 평소 시청자가 아니더라도 웃을 수 있는 대중적 유머 코드를 넣는 것을 의미한다. 소비자들에게 친근하게 다가가고 싶은 브랜드라면 이 방식을 잘 활용해보기 바란다.

신뢰감

신뢰감은 말 그대로 전문가의 입을 빌려 마케팅 메시지의 신뢰도를 높이는 콘텍스트이다. 대세감이나 유쾌함이 이미지 브랜딩 차원의 콘텍스트에 가깝다면 신뢰감은 충실한 정보 전달에 중점을 둔 콘텍스트이다. 여러 영역에서 전문가들이 유튜브 크리에이터로 유입되면서 전문가를 통한 협찬 영상도 많은 관심을 끌고 있다. 전문 자격증이 없다 하더라도 특정 관심사를 기반으로 한 채널(뷰티, 패션, 인테리어 등)의 경우, 일반 대중보다는 해당 관심사에 대한 지식과 경험이 많다고 할 수 있기에 이들의 브랜드 경험 이야기가 일종의 신뢰감을 형성한다. 비록 영상이 협찬에 의한 것임을 인지하더라도 시청자들은 전문성으로 승부하는 크리에이터가 좋지 않은 것을 좋다고 이야기하지 않을 것이라는 어느 정도의 믿음과 신뢰를 가진다. 협찬을 받았기에 아무래도 장점이 부각되고 단점은 최소화해서 이야기할 수밖에 없겠지만, 적어도 전문가가 장점으로 언급하는 부분에 대해서는 매우 높은 신뢰감을 형성한다는 것이 이 콘텍스트의 가장 큰 매력이라 하겠다.

참신함

참신함은 마케팅 메시지를 기발하고 놀라운 방식으로 전달할 수 있는 콘텍스트이다. 유튜브를 돌아다니다 보면 감탄을 불러일으키는 크리에이터들의 각양각색의 재능을 보게 된다. 노래를 가수보다 더 잘 부르거나, 편곡을 기가 막히게 잘하거나, 그림을 너무 잘 그리거나, 음식을 정말 많이 먹거나 하는 등 감탄사를 연발하게 되는 채널들 말이다. TV로 치면 〈세상에 이런 일이〉, 〈생활의 달인〉, 〈놀라운 대회 스타킹〉, 〈화성인 바이러스〉와 같은 채널에 출연했을 법한 사람들이 이제 자기 자신의 미디어를 갖고 누군가로부터 섭외되지 않아도 스스로의 재능을 마음껏 뽐낼 수 있는 세상이 되었다. 브랜드가 갖고 있는 메시지 또는 브랜드 자산(브랜드 로고 등)을 던져주고 크리에이터가 각자의 재능으로 이를 풀도록 할 경우 브랜드는 색다른 방식으로 사람들의 머릿속에 기억될 수 있다.[9]

이상적인 유튜브 인플루언서 마케팅을 위해서는 크리에이터를 섭외하기 전에 마케팅 메시지를 구체적으로 개발하고, 그 메시지를 어떤 맥락으로 풀면 좋을지 미리 정하는 것이 좋다. 그래야 섭외 과정이 수월하다. 콘텍스트를 미리 마음속에 정리해두면 어떤 크리에이터를 섭외할지에 대한 보다 구체적인 가이드가 생기기 때문이다. 또한 광고주의 기대 수준도 더욱 명확해지기 때문에 실제 기획안과 영상을 제작하는 과정에서 '이건 저희가 원했던 것이 아닌데요'라는 말을 하게 될 확률도 적어진다.

마케팅 목적에 맞는
유통 구조 선택하기

어떤 메시지를 어떤 방식으로 전달할지 방향이 잡혔다면, 그다음 단계는 유통 구조를 정하는 일이다. 유튜브의 일반 광고 지면이 트루뷰(영상 앞에 붙는 건너뛰기 광고), 마스트헤드(유튜브 첫 화면 최상단 광고), UAC(앱 다운로드 전용 광고) 등 다양한 것처럼 유튜브 인플루언서 마케팅도 목적에 따라 다양한 형태로 진행할 수 있다.

크리에이터를 섭외하기 전에 어떤 유통 구조가 이번 캠페인에 적합할지 미리 고민한다면 크리에이터를 추천하는 입장에서도 수월하다. 크리에이터마다 가능한 유통 구조와 그렇지 않은 구조가 있기에 넓은 후보군을 빠르게 좁힐 수 있기 때문이다. 예를 들어 라이브 중심으로 하겠다고 하면 라이브가 가능한 크리에이터군으로 좁힐 수 있는 것처럼 말이다.

유통 구조를 좌우하는 요소로는 게재 위치, 게재 형태, 기획 비중 이 세 가지를 꼽을 수 있다. 게재 위치는 영상을 어디에 올리느냐의 문제고, 게재 형태는 라이브냐 다시 보기냐의 문제이며, 기획 비중 은 광고 기획 콘텐츠냐 PPL이냐의 문제다. 어떤 유통 구조를 선택 하느냐에 따라 단가, 일정, 작업 강도가 달라지고 무엇보다 그에 적 합한 크리에이터가 달라지기에 섭외 전 유통 구조를 정하는 것이 섭외 효율을 높인다.

물론 항상 그런 것은 아니다. 경우에 따라 톱 크리에이터를 섭외 하고자 한다면 그들의 상황에 맞춰 유통 구조를 조절해야 할 수도 있다. 예를 들어 크리에이터의 채널 편성 일정이 나오지 않아 불가 피하게 광고주 채널 공급으로 푼다든지, 도저히 맞는 기획 아이디 어가 나오지 않아 기획형 대신 PPL로 가기로 했다든지 하는 식으 로 말이다. 그럼 위의 세 가지 유통 구조에 대해 좀 더 자세히 설명 하면서 언제, 어떤 조합이 어울리는지 파악해보자.

게재 위치

게재 위치는 기본적으로 세 가지로 구분된다. 크리에이터 채널에 올릴 것이냐, 광고주 채널에 올릴 것이냐, 어디에도 올리지 않고 광고 소재로만 사용할 것이냐이다. 크리에이터의 채널에 올릴 때의 장점은 크리에이터의 기본 매체력(조회 수)을 활용할 수 있고, 본래의 매력을 살려 광고 메시지 전달력을 극대화할 수 있다는 점이다. 단점은 채널 소유주가 광고 내용을 조율하는 과정에서 크리에이터가 이를 예민하게 받아들일 수 있고 여러 개의 영상을 만들고 싶어도 두 개 이상 만들어 올리기가 어렵다는 것이다.

한편, 광고주 채널에 올리게 되면 크리에이터의 매체력을 활용할 수 없다는 단점이 있지만, 본인 채널이 아니기에 광고 내용에 대한 조율 과정이 보다 원활할 수 있고, 경우에 따라 시리즈 영상 게재 등 다회차 협업이 가능하다.[10]

끝으로 어디에도 올리지 않고 광고 소재로만 사용할 때는 내용 측면에서 가장 조율이 원활하겠지만 상대적으로 크리에이터 본래의 매력이 약화된다는 위험이 있다. 하지만 앞서 2부에서 말한 크리에이티브 디렉터 역량을 갖춘 크리에이터라면 광고 소재 제작 파트너로서 오히려 더 빛이 날 가능성도 있다.[11]

게재 형태

게재 형태는 앞서 말한 대로 라이브냐 다시 보기, 즉 VOD냐의 문제다. 유튜브 인플루언서 마케팅은 대부분 VOD로 진행된다고 생각하기 쉬우나 라이브도 그 나름의 장점이 있기에 잘 혼합해서 구성하면 좋다. 여기서 라이브는 꼭 유튜브 라이브에만 국한한 것은 아니고, 유튜브 채널을 운영하는 크리에이터가 평소 병행하는 타 플랫폼 라이브도 포함한다.

VOD 대비 라이브가 가지는 장점은 집중도와 즉시성이다. 내가 좋아하는 크리에이터의 며칠 전 모습이 아니라 지금 이 순간 현재의 모습을 바로 느낄 수 있기에 집중력이 높을 수밖에 없다. TV 오디션 프로그램에서 경연 결과를 발표하기 직전에 광고를 내보내듯이 디지털에서도 가장 집중된 순간에 메시지를 전하고 싶다면 라이브 방송만한 것이 없다.

특히나 디지털 속성상 할인 쿠폰 발급과 같은 온라인 이벤트와 결합하게 되면 시청자들이 집단 심리로 즉시 우르르 몰려가는 경우도 있기에 이 역시 잘 활용하면 좋다. 물론, 라이브라는 특성 때문에 말실수나 돌발 행동 등의 위험 부담은 존재한다. 따라서 라이브 형태로 광고를 진행하고자 한다면 평소 크리에이터의 라이브 방송을 어느 정도 모니터링한 후에 섭외를 확정짓기를 권한다.

기획 비중

기획 비중은 영상 전체가 광고를 중심으로 기획되었느냐 아니면 크리에이터가 만든 일반 영상에 광고가 일부 삽입되었느냐의 차이다. 줄여서 보통 기획형과 PPL로 구분한다. 기획형은 영상의 전체 스토리보드에 광고 메시지가 가장 효과적으로 노출되면서도 평소 영상의 결에서 크게 벗어나지 않도록 기획하는 것을 말한다. 기획형이라 하더라도 실제로 영상 중에 광고 메시지는 짧게 노출되기에 시청자 입장에서는 PPL처럼 보일 수 있다.

그러나 그 노출되는 순간을 자연스럽게 느끼도록 하기 위해 영상 전체가 특정한 방향으로 기획되었다는 것이 기획형의 가장 큰 특징이다.[12] 기획형 영상은 메시지 전달 차원에서는 강점을 지니지만 비교적 기획 및 제작 기간이 길고, 단가가 높다는 점은 단점이라 볼 수 있다.

PPL은 제작 기간이 짧고 단가가 저렴하다. 반면 풍성하고 강력한 광고 메시지 전달이 어렵다는 단점이 있다.[13] 보통 기획형으로 할지 PPL 형태로 할지 크리에이터 섭외 전에 먼저 고민하라고 추천하지만, 현실적으로는 크리에이터의 결정에 좌우되는 경우가 많다. 특정 브랜드에 대한 광고 요청이 들어왔을 때 크리에이터 스스로가 이건 기획형으로 풀 수 있겠다 또는 PPL로밖에 할 수 없겠다를 결정하는 것이다. 따라서 미리 유통 구조를 정했다 하더라도 실제 섭외 과정에서 유연하게 조율할 필요가 있다.

다양한 목표와
구체적 지표 설정하기

유튜브 인플루언서 마케팅을 통해 달성하고자 하는 목표를 미리 설정해두면 크리에이터 섭외 시 방향이 뚜렷해진다. 구체적인 숫자로 표현하지는 않더라도 방향성은 있어야 한다는 뜻이다. 그래야 목표 달성에 최적화된 크리에이터를 찾기 쉽고, 이 크리에이터가 좋을지 저 크리에이터가 좋을지 고민될 때 판단하기도 쉽다.

대체로 조회 수를 기준으로 한 목표만 세우기 쉬운데 조회 수 외에도 다양한 목표 설정이 가능하고, 또 정량적으로 측정하기는 어려워도 댓글 반응 등을 보면서 정성적 측정도 가능하다. 보다 정교한 유튜브 인플루언서 마케팅을 원한다면 크리에이터 섭외 전부터 다양한 목표를 설정하는 것이 좋다.

유튜브 인플루언서 마케팅의 성과는 대체로 '인지 확대', '호감 증진', '정보 전달', '행동 유도' 이 네 가지로 살필 수 있다. 인지 확대는 크리에이터의 매체력을 통해 새로운 제품이나 서비스 출시를 동시 다발적으로 널리 알리는 것이고, 호감 증진은 크리에이터의 친화력과 창의력을 활용해 소비자가 제품과 서비스 또는 브랜드 자체를 친근하게 느끼도록 하는 것이 목표다. 한편, 정보 전달은 크리에이터의 신뢰도와 전달력을 활용해 제품이나 서비스에 대한 상세 정보를 효과적으로 전달하는 일이고, 행동 유도는 크리에이터가 가진 설득력과 추종력을 활용해 제품과 서비스를 즉각적이며 적극적으로 이용하도록 만드는 것이다.

마케팅 성과의 방향성을 설정했다면 이제 그에 따른 구체적 목표를 지표로 만들어야 할 차례다. 인지 확대는 기본적으로 조회 수 또는 동시 접속자 수를 목표로 하는데, 이때 전체 조회 수도 중요하지만 그 조회 수가 원래 의도한 시청층에서 나왔는지 확인하는 작업도 중요하다. 호감 증진은 정량적으로 측정하기는 번거롭지만 영상의 댓글 중 광고를 긍정적으로 언급한 수와 비율로 어느 정도 가늠해볼 수 있다. 현재는 댓글 분석을 수작업으로 하는 경우가 대부분이지만 머지않아 자동으로 의미 분석까지 가능해지리라 예상한다. 정보 전달의 효과도 유튜브상에서 바로 파악하기는 힘들고, 영상 아래 설명란이나 고정 댓글, 설문, 퀴즈 이벤트 등을 통해 핵심 정보 전달이 잘 되었는지 정성적으로 파악해볼 수 있다. 물론 정보 전달을 위해 리뷰형 협찬 영상을 진행하는 경우라면 조회 수를 기준으로 목표를 세울 수도 있다. 리뷰 크리에이터 10명을 통해 영상을 발행하여 평균 5만 회를 곱해 총 50만 회의 정보 전달 조회수를 달성한다는 식으로 말이다. 끝으로 행동 유도는 영상에 기재된 링크 클릭 수, 쿠폰 이용 수 등 여러 상황에 따른 행동값을 목표로 삼으면 된다.

유튜브 인플루언서 마케팅을 많이 해보지 않았다면 크리에이터 단가를 예산 대비 어느 정도로 잡아야 할지 감이 잘 오지 않을 수 있다. 이때는 목표치를 먼저 정한 후 다양하게 크리에이터에 대한 추천 및 견적을 받아 적절해보이는 예산 구성안을 선택하는 것도 방법이다. 예를 들어 18~24세 연령층에 대한 인지 확대를 위해 조회 수 200만을 목표로 잡았다고 해보자. 조회 수를 100만 정도 예상할 수 있는 크리에이터 한 명의 섭외비가 4,000만 원, 조회 수 50만 정도를 예상할 수 있는 크리에이터 두 명의 섭외비가 각각 1,500만 원씩 도합 3,000만 원이라면 총 7,000만 원의 예산이 소요된다. 하지만 다른 방식으로 견적을 낼 수도 있다. 조회 수가 20만 정도 나오는 크리에이터 10명을 섭외하고 각각 섭외비가 1,000만 원이라고 하면 총 1억의 예산이 소요된다.

이렇듯 목표로 하는 전체 조회 수를 어떤 구성으로 어떤 성과를 달성하게 할 것인가에 따라 섭외 전략이 달라진다. 조회 수 200만 중에 100만을 인지 확대에 집중한다면 PPL 및 단순 노출이 효과적인 크리에이터를 섭외하면 된다. 남은 100만 중 50만을 호감 증진으로 구성하고 싶다면 기획력이 좋으면서 조회 수가 20~30만 정도 나오는 크리에이터를 섭외하면 된다. 그리고 남은 50만은 정확한 정보 전달을 위한 영상으로 뿌리고 싶다면 관련 리뷰 채널 중 조회 수가 5만 정도 나오는 크리에이터를 10팀 정도 섭외하면 된다.

물론 딱 5만 조회 수가 나오는 채널을 10개 찾는다는 것이 아니라 대략 1~10만 구간의 조회 수가 나오는 채널을 적절히 배합해 예상 조회 수를 50만에 가깝게 맞춰본다는 뜻이다. 그리고 1억 원 이상 예산을 투자하는 캠페인이라면 최소 두 개 이상의 조회 수 구성 전략에 따라 인지 확대 중심군, 행동 유도 중심군으로 나눠서 그에 맞는 크리에이터를 섭외하길 권장한다.

누가, 어떤 방식으로
섭외할 것인가

크리에이터 섭외의 주체에 대해 이야기하자면, 그야말로 혼전 양상이다. 광고주가 직접 나서서 섭외를 하기도 하고, 종합 대행사가 중간에 끼기도 하고, 전문 섭외 에이전시가 등장하기도 한다. 크리에이터 섭외는 절차상 진입 장벽이 없기에 누구나 섭외 역할을 자처하고 나선다. 크리에이터 채널을 찾아보고 관심 가는 크리에이터에게 직접 연락하는 일은 누구나 할 수 있기 때문이다. 그래서 이번 장에서는 다양한 섭외 경로에 대한 소개와 각각의 장단점을 살펴보려 한다.

광고주가 크리에이터를
직접 섭외

누구나 할 수 있다면 광고주도 스스로 못할 이유가 없다. 꽤 많은 광고주가 크리에이터 채널을 직접 살펴보고 채널에 기재된 비즈니스 이메일 주소 등을 통해 직접 협찬 의뢰를 한다. 이때 크리에이터가 소속이 없거나 소속사와 비독점 광고 사업 계약을 맺었을 경우(크리에이터가 소속사의 도움 없이 스스로 광고 사업을 진행할 수 있는 선택권을 준 경우) 광고주는 크리에이터와 직접 연결되어 캠페인을 진행하게 된다. 이 경우 중간 개입이 최소화되기 때문에 캠페인 진행 속도가 빠르고, 중간 대행 수수료가 없어 가장 낮은 금액으로 진행할 수 있다. 그러나 크리에이터를 통한 광고 기획 경험이 적고 사업 진행 역량이 부족할 경우, 업무적 부담을 광고주가 고스란히 져야 한다는 어려움이 있다.

직접 섭외를 하겠다고 해도 어디서 어떻게 크리에이터를 찾느냐 하는 문제가 남는다. 유튜브 인기 동영상만으로 섭외 대상을 찾을 수는 없기 때문이다. 이때는 '유하youha.info', '블링vling.net' 등과 같은 유튜브 크리에이터 검색 서비스를 통해 기초적인 검색 도움을 받으면 좋다. 이러한 서비스는 국내 활동 중인 유튜브 크리에이터를 장르별, 구독자 수별, 조회 수별 등 다양한 기준으로 좁혀서 찾아볼 수 있도록 하고 있다. 유하나 블링 모두 예상 섭외 단가까지 기재해 놓고 있어서 마케터로 하여금 대략적인 예산의 감을 잡는 데 도움을 준다. 실제 단가와 일치하지 않기도 하지만 대체로는 유사한 범위를 안내하고 있다. 검색 서비스 등을 통해 섭외하고 싶은 크리에이터를 찾았다면 해당 서비스에서 직접 메일을 발송할 수도 있고, 직접 크리에이터 채널에 들어가 정보 탭이나 영상의 더보기 설명란에 기재해놓은 협찬 문의 이메일로 직접 연락을 취할 수도 있다.

광고주가 크리에이터의 소속사를 통해 섭외

광고주 입장에서 크리에이터의 소속사 가입 여부를 파악하기란 쉽지 않다. 대체로 구독자 수가 많고 인지도가 높은 크리에이터의 경우 소속사가 있다고 생각하면 편하다. 따라서 크리에이터 채널로 직접 연락을 취했다 해도 크리에이터가 아닌 소속사로부터 회신을 받는 일이 발생할 수 있다. 이 경우 크리에이터가 자신들의 광고 사업을 소속사에 일임한 경우다.

소속사를 끼고 할 경우 보통 회사의 광고 담당자와 일을 하게 된다. 회사의 규모가 크다면 광고 담당자와 크리에이터 담당자를 거친 다음에야 크리에이터와 연결되고, 규모가 작은 소속사라면 보통 광고 담당과 크리에이터 담당이 구분되어 있지 않다. 소속사 안에 있는 여러 크리에이터를 한 번에 추천받아서 진행할 경우에도 소속사를 통해서 진행하게 된다.

소속사를 통하면 전반적인 업무 진행을 하는 데 일정 수준의 숙련도를 기대할 수 있다. 만약 같은 소속사의 크리에이터를 여러 명 섭외한다면 담당자 한 사람과 조율하면 되기에 업무 효율성 차원에서 이점이 크다. 대신 그만큼 소속사의 업무 대행 수수료가 발생하고, 같은 소속사 크리에이터로 섭외가 충분하지 않을 때는 별도로 다른 크리에이터를 알아봐야 하는 부담이 있다. 물론 소속사 광고 사업팀에서 자기네 소속이 아닌 크리에이터도 같이 섭외를 진행하기도 한다.

광고주가 중개 플랫폼을 통해
크리에이터 섭외

일찌감치 블로그와 인스타그램을 중심으로 협찬 포스팅을 중개해 주는 플랫폼이 생겼는데, 몇 년 전부터는 '유커넥uconnec'을 시작으로 국내에도 유튜브 크리에이터와 브랜드 연결을 주요 사업 모델로 하는 중개 플랫폼 에이전시가 늘고 있다. 앞서 설명한 광고주가 스스로 크리에이터를 찾아볼 수 있도록 서비스를 제공하는 업체 중에는 광고 대행 업무를 병행하는 곳도 있다. 모든 중개 플랫폼이 그렇듯 인플루언서 중개 플랫폼도 수요자와 공급자의 직접 연결을 지향한다. 광고주가 플랫폼을 통해 캠페인을 올려두면 가입된 크리에이터가 이를 보고 캠페인에 지원하는 방식이다.

중개 플랫폼을 통한 섭외의 장점은 광고주와 크리에이터가 직접 연결되고, 그렇기에 커뮤니케이션 비용이나 대행 수수료 비용을 아낄 수 있다는 것이다. 소속사가 없는 개인 크리에이터를 섭외할 때 특히 이점이 있다.

하지만 소속사가 있는 크리에이터를 섭외하고자 할 때는 중개 플랫폼 회사도 광고 대행사로서 소속사에 연락해 크리에이터를 섭외하는 경우가 많다. 소속이 있는 크리에이터는 대부분 광고 사업을 회사에 일임했기 때문이다. 따라서 실제로 유튜브 인플루언서 마케팅 중개 플랫폼은 플랫폼 역할과 대행사 역할을 동시에 수행하고 있으며, 플랫폼에 가입되지 않은 크리에이터라 하더라도 섭외를 진행할 수 있다고 보면 된다.

광고 대행사를 통한
크리에이터 섭외

유튜브 인플루언서 마케팅 시장이 커지면서 주요 광고 대행사에서도 관련 업무를 전담하는 팀이 생겨나기 시작했다. 크리에이터를 둘러볼 수 있는 플랫폼을 만들기도 하고, 일부 유명한 크리에이터는 전속 광고 계약을 맺기도 하고, 크리에이터와 제작 협업을 할 수 있는 제작 사업을 준비하기도 한다. 보통 대행사와 광고 연간 계약을 하는 대형 광고주일수록 유튜브 인플루언서 마케팅을 진행할 때도 대행사에게 진행을 일임하곤 한다. 이때 업무 효율과 커뮤니케이션 채널 일원화라는 장점이 있으나, 속도가 느려질 수 있고 섭외 비용이 증가한다는 점은 감안해야 한다.

유튜브 인플루언서 마케팅은 그 특성상 보통 동시에 여러 채널과 협업을 하기에 커뮤니케이션 양이 많고, 또 크리에이터와 광고주 간의 의견 조율이 많이 이루어지는 구조라서 커뮤니케이션의 난이도가 매우 높다. 광고주와 크리에이터가 직접 연결되어도 복잡하고 어려운데, 만일 광고주 → 종합광고대행사 → 디지털 대행사 → 인플루언서 마케팅 대행사 → 크리에이터 소속사 → 크리에이터로 연결되는 6중 구조일 경우 섭외부터 제작까지 모든 과정이 매우 어려울 수밖에 없다. 실제로 이와 같은 구조 속에서 캠페인을 진행한 적이 있는데 커뮤니케이션의 비효율성으로 인해 모두가 힘들었다. 따라서 광고 대행사를 통해 크리에이터를 섭외하더라도 최대한 중간 대행사의 수를 줄이는 것이 원활한 업무 진행을 위해 필수적이라 하겠다.

섭외 주체를 결정할 때
유의할 점

'직접 할 것인가, 의뢰할 것인가. 의뢰한다면 누구에게 할 것인가' 가 핵심 질문인데, 이에 대한 간단한 답은 이렇다. 유튜브 인플루언서 마케팅 경험이 많고 본질을 잘 파악하고 있는 대행사라면 수수료를 지불하고라도 반드시 협업을 하라고 권장하고 싶고, 마케터가 이미 크리에이터 및 브랜디드 콘텐츠에 대한 이해도가 높은 경우라면 크리에이터를 직접 섭외하는 것도 권장한다.

다만, 크리에이터에 따라 브랜디드 콘텐츠에 대한 이해도와 숙련도가 다르다는 사실을 인지해야 할 것이다. 광고 진행 경험이 별로 없는 크리에이터와 협업을 할 때는 서로가 업무적 기대 수준을 조율하는 데 많은 시간적·정신적 비용이 들 수 있음을 감수해야 한다. 따라서 섭외 구조 자체가 중요하다기보다 업무 숙련도가 있는 주체가 얼마나 중심을 잘 잡아주는지가 중요하다고 하겠다. 중심을 어떻게 잡느냐에 따라 유튜브 인플루언서 마케팅이 고효율의 성과를 낼 수도, 다시는 하고 싶지 않은 고단한 일이 될 수도 있다.

섭외는 끝없는 설득과 조율로 완성된다

광고 예약은 선착순이지만 크리에이터 섭외는 선착순이 아니다. 돈을 많이 준다고 해서 무조건 섭외가 되는 것도 아니다. 광고주와 크리에이터가 각자 여러 가지 조건을 따져보고 괜찮겠다 싶을 때야 비로소 섭외가 완성된다. 어떤 경우에는 섭외를 성사시키기 위해 삼고초려를 하기도 하고, 서로가 조건을 조율하며 상호 배려 속에 합의점을 찾아가기도 한다. 알다가도 모를 사람의 마음을 움직이는 과정이 바로 이 섭외 확정 단계다. 이 장에서는 섭외 확정 단계에서 고려해야 할 수많은 변수에 대해 알아보고자 한다.

누가 누구를 선택하는가: 협상의 중요 포인트 파악하기

협업이란 쌍방 간에 의사가 일치해야 가능한 일이다. 유튜브 인플루언서 마케팅도 광고주와 크리에이터 간의 협업이기에 서로 원해야 일을 진행할 수 있다. 이때 누가 누구에게 먼저 협업을 제안하느냐에 따라 최종 수락을 하는 자가 광고주가 되기도 하고, 크리에이터가 되기도 하는 묘한 구석이 있다.

광고주가 중개 플랫폼을 통해 캠페인 공지를 하고 크리에이터의 지원을 받는 경우라면 크리에이터가 이미 협업 의사를 보인 것이기에 광고주가 지원자 중에 선택해서 섭외 확정을 하면 된다. 하지만 반대로 광고주가 대행사에 빠르게 크리에이터를 섭외해달라고 요청한 경우라면 이야기가 다르다. 대행사는 광고 진행 여부와 상관없이, 즉 크리에이터의 의사와 무관하게 일단 광고주가 원한 조건에 맞춰 크리에이터 후보군을 전달한다. 광고주가 그중에서 협업하고자 하는 크리에이터를 선택하면 그때 본격적인 섭외에 들어가게 되고 크리에이터로부터 확답을 받는다. 이 과정에서 광고주는 협업을 원하지만 여러 이유로 크리에이터가 거절을 할 수 있기에 최종 섭외 목록이 최초 추천 목록과 달라질 가능성도 꽤 높다.

광고주가 크리에이터를 선택하는 기준은 크게 매체력, 성향, 단가로 나뉜다. 기대 조회 수는 마케팅 방향에 맞으며 조회 수 구성이 타깃 시청자와 잘 맞는가? 영상에서 드러나는 크리에이터의 말투나 편집 방식이 협찬을 하는 데 있어 크게 거슬리지 않고 잘 맞는가? 제시한 단가는 크리에이터의 인지도, 매체력, 기획력 등을 고려했을 때 합리적인가? 이러한 검증 질문을 통해 섭외 후보군에서 실제 섭외할 크리에이터를 선택하면 된다.

보통 섭외 리스트가 많아지면 광고주의 담당 마케터가 크리에이터 채널을 일일이 들어가서 볼 여유가 없는 것도 사실이다. 그래서 숫자만 보고 섭외를 진행했다가 이후 영상 가편집본을 보고서 깜짝 놀라며 우리 브랜드의 성향과 맞지 않는다고 진행을 중단하는 바람에 애를 먹은 적도 있다. 결국 새로 기획해서 광고주가 원하는 방향에 최대한 맞추기는 했으나 최초에 서로 기대 수준이 다른 줄 알았다면 진행을 하지 않았을 캠페인이었다. 구독자 수나 기대 조회 수 외에 섭외하려는 채널의 성향을 반드시 알고 진행하길 권한다.

한편, 크리에이터가 광고주를 선택하는 기준은 적합도, 자유도, 단가로 나뉜다. 내 영상에 브랜드를 녹이기 자연스러운가? 시청자가 싫어하지 않을까? 광고주의 요구 사항이 많아서 진행 과정이 힘들지 않을까? 과업에 비해 보수가 부족한 것은 아닐까? 이러한 질문을 통해 자신에게 들어온 광고를 해도 될지 고민한다.

물론, 광고 문의가 거의 없는 작은 채널은 적극적으로 광고를 수

주하기 위해 어떤 광고든지 받아들인다는 점을 어필하기도 한다. 하지만 너무 자주 브랜디드 콘텐츠를 올리면 시청자로부터 거부감을 살 수 있기에 일정한 주기를 두고 자신에게 잘 어울리는 광고를 신중하게 골라 진행하는 크리에이터도 많다. 사실 크리에이터에 따라 위의 세 가지 기준 중에 중요하게 생각하는 지점이 다르다. 어떤 크리에이터는 단가만 맞으면 무조건 진행한다는 생각을 갖고 있고, 다른 크리에이터는 자유도만 주어지면 적합도와 단가는 중요하지 않다는 원칙을 갖고 있기도 하다. 이는 이후 크리에이터 설득 과정에서 협상의 중요 포인트로 작동하니 잘 알아둘 필요가 있다.

크리에이터 설득 및 확정하기: 제작 자유도와 단가 협의

광고 협찬 문의 자체를 싫어하는 크리에이터는 없다. 단, 문의가 너무 많이 들어와서 어차피 다 소화할 수 없거나 자기 채널에 맞지 않는 브랜드이거나, 단가가 맞지 않거나 하는 등의 이유로 광고 섭외가 무산되는 경우가 상당히 많다. 브랜드 입장에서는 '우리 광고를 거절해?'라고 괘씸하게 생각할 수도 있겠지만 섭외 불발은 매우 다양한 상황에서 이뤄진다는 점을 이해했으면 한다. 또 구두로 합의를 한 상황에서 광고주의 요청 사항이 많아져 이럴 거면 못하겠다고 발을 빼는 경우도 생기고, 반대로 광고주 임원이 크리에이터의 이전 영상을 보고 마음에 들지 않아 협업을 중단시키는 경우도 생긴다.

광고주가 특정 크리에이터와 꼭 작업을 하고 싶은데 크리에이터가 거절할 경우 포기할 것이냐, 설득할 것이냐의 기로에 놓인다. 처음엔 거절했지만 상호 조율 속에 다시 광고를 진행하기로 마음을 바꾸는 사례도 많다. 광고 수요가 많은 인기 크리에이터일수록 브랜드를 까다롭게 선택하기에 그 크리에이터가 무엇을 중요한 기준으로 생각하는지 알아야 섭외의 성공 확률을 높일 수 있다.

제작 자유도가 중요한 크리에이터에게는 자유를 보장할 테니 진행하자고 설득하고, 단가가 중요한 크리에이터에게는 단가를 더 높여주면 진행할 의사가 있는지 물어본다. 처음엔 브랜드가 자기 채널에 맞지 않는다고 생각했던 크리에이터도 사실 돈을 더 주고 기획 자유도를 주면 어떻게든 자신의 채널에 잘 어울리면서도 광고 메시지 전달이 잘 되도록 기획을 하게 마련이다. 크리에이터가 브랜드 적합도를 판단할 때 반드시 합리적으로 결정을 내리지만은 않는다. 그냥 귀찮고 아이디어가 잘 안 떠오른다는 말을 돌려서 한 것일 수도 있기에 잘 설득하면 섭외를 확정지을 수 있다는 점을 기억하자.

단가 문제는 절대적 액수 문제라기보다 과업의 부담 정도에 따른 상대적 문제다. 쉬운 과업이면 낮은 단가에도 진행하고, 어려운 과업이면 높은 단가에 일을 진행하는 것이 인지상정이다. 따라서 단가를 조정하기보다 과업 수준을 조정하는 쪽으로 설득할 수도 있다. 다섯 개의 영상을 납품하는 과업을 세 개로 줄이거나 멀리 떨어진 지정된 장소에 가서 촬영해야 하는 과업을 집 주변에서 촬영할 수 있도록 하거나, 영상에 담았으면 하는 마케팅 포인트 숫자를 줄여서 제작 부담을 덜 수 있도록 조율한다. 광고 기획 문서 작성에 부담을 느끼는 크리에이터라면 기획안 작성을 도와줄 수도 있고, 편집자 인력 부족으로 진행에 어려움을 느낀다면 편집 작업을 도와줄 수도 있다.

어렵사리 설득과 섭외를 마쳤다면 빨리 계약하는 것이 좋다. 많은 경우 급한 캠페인 일정 때문에 계약서도 쓰지 않고 영상 제작부터 들어가기 일쑤인데, 그러면 문제가 생겼을 때 모두가 난처해지는 상황이 발생한다. 갑작스러운 변심으로 협력이 중단되었을 때 상호 합의된 원칙이 없기 때문이다. 변심을 방지하고, 혹여 의견 조율이 어려워 협업을 중단하더라도 실무 담당자들끼리 얼굴을 붉히지 않으려면 반드시 계약을 체결하고 제작에 들어가야 한다. 특히 인기 크리에이터들은 충분한 일정 확보 및 광고 편성 관리가 중요한데, 프로젝트 하나가 제작 과정 중에 틀어지면 해당 광고 편성일에 다른 광고주와 협업할 수 있는 시간적 여유가 없기에 금전적 손해가 크다. 앞서도 말했지만 대부분의 크리에이터에게 브랜디드 콘텐츠는 월급과도 같다. 생계를 꾸려가는 데 있어 중요한 사업인 만큼 계약은 크리에이터에게도 중요하다.

대체 크리에이터 추천 받기: 섭외 불발에 대처하는 법

섭외 주체의 각종 노력에도 불구하고 섭외가 불발되는 일은 허다하다. 이때 광고주는 섭외가 불발된 크리에이터 앞으로 책정한 예산을 쓰지 않을 수도 있지만, 대체로는 전체 그림을 바꾸지 않으려는 경향이 강하기에 다른 크리에이터 추천을 추가로 받는다. 이때 전략 방향이 맞으면서 구독자 수나 단가가 유사한 수준의 다른 크리에이터를 섭외해오면 그대로 진행되기도 한다. 하지만 아주 인기 있는 톱 크리에이터들은 대체 불가한 매력을 갖고 있어 좀처럼 대체 섭외가 안 되기도 한다.

대체 크리에이터 섭외를 빠르게 진행하기 위해 미리 여유 있게 크리에이터를 확보해놓는 것도 방법이다. 예를 들어 1억 예산, 300만 조회 수를 목표로 인지 확대 캠페인을 설계할 때 최초 크리에이터 추천을 넉넉하게 받아둔다. 평균 단가 1,000만 원에 해당하는 10명의 크리에이터로부터 평균 30만씩 기대 조회 수를 모으면 300만이 되지만 두세 명만 섭외에 실패하더라도 목표 달성에 차질이 생긴다. 이때 미리 20명 정도의 추천을 받아두고, 그중 15명 정도를 선택해 1차 섭외에 들어가면 일부 섭외가 불발되더라도 무리해서 설득할 필요 없이 빠르게 대체 섭외를 진행해 일정 안에 섭외와 제작을 마무리할 수 있다. 물론 예상치 못하게 모두가 광고를 받아들여 섭외 예산을 살짝 초과하는 일도 발생하기는 한다. 그렇기에 실무자들이 보다 원활하게 업무 진행을 할 수 있도록 섭외 예산을 유연하게 책정할 필요가 있다.

일반 유튜브 광고는 정해진 예산만큼 매체비에 딱 맞춰 진행할 수 있지만 인플루언서 마케팅은 기계적으로 예산을 딱 맞춰 진행하기가 어렵다는 점을 이해했으면 한다. 여러 매체 상품을 조합할 때는 대행사의 재량에 따라 일부 금액 할인이나 조정이 가능하지만 유튜브 인플루언서 마케팅은 개인 사업자인 크리에이터의 주요 소득을 놓고 협의를 하는 것이라 금액 조정에 대한 민감도가 높다. 원래 500만 원의 단가에 진행하던 크리에이터에게 300만 원에 진행해달라고 하는 것은 월급을 200만 원 깎자는 이야기나 다름없기 때문이다. 물론, 크리에이터도 과업의 성격이나 브랜드 적합도에 따라 유연하게 단가 조절을 할 필요가 있고, 실제로도 이와 같이 진행된다. 자신이 개인적으로 꼭 광고를 해보고 싶었던 브랜드라면 금액을 거의 받지 않고도 진행할 용의가 있다는 말도 한다. 이 경우 크리에이터들은 숙제로 영상을 만드는 것이 아니라 콘텐츠로서 영상을 만든다고 생각한다. 결론은 여러 이해관계가 얽혀 있어 개별 크리에이터의 금액을 쉽게 조정할 수 없고, 그래서 전체 예산을 기계적으로 맞추는 것이 어렵다는 것이다.

영상 제작의 주체 결정하기: 외부 제작 시 고려할 점

브랜디드 콘텐츠의 제작 구조는 대부분 크리에이터의 평소 제작 구조를 따른다. 혼자 기획, 촬영, 편집을 다 하는 말 그대로 1인 크리에이터의 경우 브랜디드 콘텐츠도 혼자 다 만든다. 평소 기획, 촬영은 본인이 하지만 편집자를 따로 두고 일하는 경우에는 브랜디드 콘텐츠도 편집자의 도움을 받는다. 제작은 혼자 하더라도 사업 문의만 도움을 받는 경우도 많다.

그런데 최근 유튜브 인플루언서 마케팅에 대한 수요가 많아지면서 크리에이터는 섭외하되 크리에이터의 평소 제작 범위를 넘어선 규모로 제작이 이루어지는 사례가 늘고 있다.[14] 크리에이터를 출연시키고 싶은데 기승전결이 확실하고 구성적 완결성이 높기를 원한다면 크리에이터 단독 제작보다 전문 제작 인력을 붙이는 것을 추천한다. 특히 인지도가 높은 크리에이터나 TV 방송 활동을 병행하는 크리에이터라면 본인 채널 외에 다수의 제작 환경에 노출된 경험이 있기 때문에 외부 제작팀과의 협업에 거부감이 없고 오히려 이를 선호하기도 한다. 웹툰 작가에서 스트리머로 영역을 확장한 침착맨도 여러 방송 제작 경험을 갖고 있다 보니 개인 방송이 아니라 기획된 광고 촬영의 출연도 무난하게 소화하는 모습을 보이고, 광고주도 이를 선호한다.[15]

크리에이터와 전문 제작팀의 협업은 장단점이 명확하기에 전략적으로 선택해야 한다. 앞서 크리에이터의 세 가지 매력으로 인물, 주제, 영상을 꼽은 바 있다. 인물의 매력은 뛰어나나 영상 기획 제작 경험이 부족한 크리에이터라면 전문 제작팀과 협업했을 때 좋은 시너지가 날 수 있다. 하지만 개성 강한 영상미가 채널의 주요 매력일 경우에는 굳이 외부 제작을 할 필요가 없다. 또한 아무리 인물 중심의 채널이라 하더라도 제작팀과 손발이 맞지 않는다면 원래 크리에이터 채널이 가진 색깔과 전혀 다른, 엉뚱하거나 무겁기만 한 영상이 나올 수 있다. 따라서 협력할 제작팀이 크리에이터 채널에 대한 이해가 있는지 반드시 점검해야 한다.

제작팀을 별도로 붙이면 영상의 완성도가 높아질 뿐만 아니라 크리에이터의 새로운 모습을 보여줄 수 있다는 점에서 크리에이터와 시청자의 만족을 높일 수 있다. 대부분의 크리에이터는 평소 자신의 능력을 벗어난 대규모 제작 환경에 대한 로망이 있기에 광고를 기회로 전문가로부터 메이크업을 받고, 스튜디오에서 여러 대의 카메라와 스태프들에 둘러싸이고, 다양한 촬영 소품과 짜임새 있는 대본이 제공되었을 때 매우 만족하는 모습을 보인다. 영상의 결과물과 상관없이 그 과정을 즐긴다는 얘기다. 시청자 역시 크리에이터의 모습이 다소 어색하더라도 평소와는 다른 모습을 보는 것에 대한 설렘이 있다. 평소 전혀 꾸미지 않던 친구가 갑자기 꾸몄을 때 신선한 충격을 받는 것처럼 말이다.

제작 후
업로드까지

섭외가 확정되면 유튜브 인플루언서 마케팅의 절반이 지났다고 볼수 있다. 남은 절반은 제작이다. 앞서 이야기한 수많은 기준에 맞춰전략적인 섭외를 진행했다면 남은 제작이 비교적 수월할 테고, 이렇다 할 기준 없이 대충 예산에 맞춰 섭외를 했다면 남은 제작 과정에서 서로 간의 기대 수준을 맞추느라 고생스러운 시간을 보낼 확률이 크다. 첫 단추를 잘 꿰어야 나머지도 잘 꿰는 것처럼 섭외를잘해야 제작이 편하다. 그런 이유로 섭외 이전까지의 과정에 이토록 많은 지면을 할애한 것이다.

실제 제작 과정은 크리에이터에 따라, 소속사에 따라, 광고주나 대행사에 따라 저마다 다르다. 기획안을 제출하는 경우도 있고, 기획안 없이 바로 제작을 하는 경우도 있고, 영상을 올리기 전에 미리 공유를 하기도 하고, 하지 않기도 한다. 정책이 경우에 따라 달라진다는 점은 염두에 두고 이 장에서는 샌드박스에서 현재 적용하고 있는 표준 절차를 기준으로 설명하고자 한다. 샌드박스는 기본적으로 섭외 확정 후 기획안 제출 및 검토, 가편집본 제출 및 검토, 업로드라는 3단계 절차를 밟고 있으며 원활한 진행을 위해 기획안과 가편집본 검토 단계에서 광고주의 피드백을 각각 1회로 제한하고 있다.

기획안 검토

기획안은 크리에이터가 영상을 제작하기 전 영상의 기승전결이 어떻게 구성되고, 그 안에 마케팅 포인트를 어떻게 녹이고, 그 밖에 광고주가 요청하는 사항들을 어떻게 반영할지에 대한 계획을 나타내는 문서이다. 가벼운 PPL이라면 간단히 한두 문장으로 제품이 영상에 어떻게 반영될지 기술하는 정도일 테고, 기획형 브랜디드 콘텐츠라면 어떤 상황 설정에서 어떤 대사를 하고, 마케팅 포인트는 어느 시점에서 어떻게 살릴지 약식 대본에 가까운 형태로 기술한다. 특히 광고주가 제안한 마케팅 포인트는 정확한 대사로 기획안에 삽입하여 기획안을 받아보는 광고주가 영상을 보지 않고도 머릿속으로 영상이 어떻게 전개되고 마케팅 메시지가 어떻게 전달될지 상상할 수 있도록 한다.

크리에이터로부터 광고 기획안을 받아보았을 때 광고주가 점검해야 할 요소로는 크게 세 가지가 있다.

▸ 마케팅 포인트는 적절한 시점에 의도한 방식으로 표현되고 있는가?

▸ 브랜드가 표현되는 방식에서 우려할 지점은 없는가?

▸ 마케팅 포인트가 언급되는 곳을 제외하고 브랜드와 연결지었을 때 문제가 되는 지점은 없는가?

위의 체크리스트 항목 외에 '영상이 전반적으로 재미가 없다', '공감이 되지 않는다'와 같은 피드백은 신중하게 사용하길 권한다. 영상의 타깃 시청자는 광고주가 아니라 평소 크리에이터의 영상을 재밌어 하고 공감해주는 단골 시청자라는 사실을 잊으면 안 된다. 내 입맛에 맞지 않는다고 식당 메뉴를 바꾸라 할 수 없듯 내가 재미없다고 해서 채널 고유의 색깔을 바꾸라고 할 수 없다. 또 막상 영상으로 나오면 충분히 재미있을 내용도 글로 건조하게 쓰였을 때는 재미없게 느껴질 수 있다는 것도 감안하길 바란다. 혹시라도 정말 영상이 재미없게 제작된다면, 그 피해를 가장 크게 입는 쪽은 크리에이터 당사자이기에 마케팅 포인트와 브랜드 노출 부분을 제외한 다른 영역은 최대한 크리에이터에게 자율성을 부여해주는 것이 좋다.

가편본 검토

기획안이 합의되면 크리에이터는 제작에 들어간다. 단독 제작을 할 경우 보통 광고주나 대행사는 촬영 과정에 참여하지 않지만, 별도 제작비를 들여 스튜디오 등에서 제작을 할 경우에는 현장에 나와서 상황을 모니터링하고 원하는 장면이 잘 담길 수 있도록 의견을 개진한다. 하지만 크리에이터가 자체 제작을 하거나 광고주가 촬영 현장에 굳이 나오지 않는 경우 가편본을 통해 의견을 개진한다.

가편본이란 가편집본의 줄임말로 최종 편집본 이전에 광고주의 피드백을 받기 위해 전달하는 1차 편집본이다. 간단한 PPL은 가편본 검토 단계를 생략하기도 하나, 기획형 브랜디드 콘텐츠를 진행할 때는 거의 대부분 가편본 검토 과정이 들어간다.

크리에이터로부터 가편본을 받았을 때 광고주가 점검해야 할 요소는 기획안 검토 내용과 거의 동일하다.

▸ 마케팅 포인트가 기획안에서 합의한 대로 충실히 표현되었는가?

▸ 브랜드 자산(로고, 제품 이미지, 명칭 등)이 브랜드 가이드라인에 맞게 잘 표현되었는가?

▸ 영상 전반에서 브랜드와 연결지었을 때 우려되는 상황이나 표현은 없는가?

기획안과 마찬가지로 가편본에서도 영상에서 브랜드가 표현되는 방식이나 메시지의 전달 효과 부분을 집중적으로 점검하고, 영상 전반에서 우려되는 지점이 있는지 정도만 점검하는 것이 효율적이다. 영상이 지루하다거나 재미없다는 생각이 들 수도 있지만 크리에이터 채널에 올라갈 영상은 마케터의 눈높이가 아니라 시청자의 눈높이에 맞춰져 있다는 사실을 다시 한번 강조하고 싶다. 웬만하면 편집의 변화를 통해 해결할 수 있는 수준의 피드백을 주는 것이 좋고, 아주 중대한 사안이 아니고서는 가급적 재촬영은 지양해야 한다. 크리에이터 일정상 바로 다시 촬영하기 어려운 경우가 많고, 그렇게 되면 전체 일정이 밀리면서 여러 가지가 꼬이기 때문이다.

물론 광고주의 피드백에 대해 크리에이터나 소속사 입장에서 지나치게 보수적이고 예민한 입장을 보이는 것도 좋지 않다는 생각이다. 자신의 채널은 자신이 제일 잘 안다는 생각이 자칫 아집이 되어 매번 영상을 무난하게 만드는 안일함으로 이어질 수 있기 때문이다. 어떻게 하면 추가 요청 사항을 자연스럽게 녹일 수 있을지 한

번 더 고민하는 모습을 보여준다면 광고주의 만족도도 올라가고 이후에 또 협업을 하고 싶어질 것이다. 채널이 인기가 많다고 해서 뻣뻣한 태도를 보이는 것도 크리에이터와 소속사 입장에서는 경계해야 할 부분이다. 항상 유연한 자세로 상호 존중할 때 건강한 토론이 되고, 그러한 토론을 거쳐야 최대한의 성과를 낼 수 있다.

최종본 확인

위의 피드백 과정을 거쳐 광고주가 가편본을 컨펌한 경우 크리에이터는 정해진 일정에 맞춰 업로드를 하기 위해 남은 후반 편집 작업을 한다. 대체로 업로드 직전에 광고주에게 최종본을 확인시켜주는 절차는 생략한다. 왜냐하면 보통 최종 편집이 마무리되는 때는 업로드 당일 또는 전날인 경우가 많은데, 이때 광고주 검토를 받아서 추가 피드백을 전달받는다 해도 실질적으로 다시 수정해서 업로드를 할 시간이 되지 않기 때문이다. 대부분의 크리에이터는 방송사와 같이 주간 편성 일정을 짜고 약속된 시간에 영상을 올린다. 검토가 늦어져 영상을 제때 못 올리게 되면 방송 사고나 마찬가지기에 보통 영상 업로드 후 그 사실을 알리거나 영상 링크를 전달하는 것으로 최종본 확인을 한다.

물론 최종본 편집이 일찍 마무리되었다면 이를 사전에 공유하고 혹시라도 문제가 될 만한 점들을 다시 한번 꼼꼼히 살펴볼 수 있다. 그러나 광고주나 크리에이터 모두 바쁜 일정 속에서 업무를 진행하기에 여유 있게 영상이 미리 나오는 경우는 현실적으로 그리 많지 않다. 또 영상을 하나만 제작한다면 가능할 수 있겠지만 대형 캠페인으로 수십 명의 크리에이터와 협업을 하는 경우에는 최종본을 일일이 확인하고 바로 피드백을 주기란 사실상 불가능하다. 혹시라도 광고주 입장에서 업로드 전 최종본 확인이 반드시 필요하다고 느낀다면 이에 맞춘 제작 목표 일정을 세우고 그에 맞춰 일정 관리를 빡빡하게 하면 불가능한 일은 아니다. 최종본 검토 날짜를 업로드 날짜 기준으로 2~3일 이상 여유를 둔다면 광고주 입장에서 위험 부담을 최소화할 수 있다.

다만 여기서 꼭 하고 싶은 말이 있다. 광고주 또는 대행사의 그 누구라도 수정 요청을 해야만 '할 일을 한다'고 생각하지는 않았으면 좋겠다. 정말 머리를 쓰고 고민해야 하는 과정은 섭외 이전이지 섭외 후 제작이 아니다. 제작 과정에 사공이 많아지면 잘되던 일도 틀어진다. 중간 대행사가 많이 끼어 있을수록 대행사마다 제 역할을 하기 위해 한두 가지씩 피드백을 추가하곤 하는데, 이렇게 되면 일관성 없는 피드백이 마구 쌓이는 상황이 생긴다. 정말 이따금씩 물 흐르듯 아무런 지적 사항 없이 크리에이터가 기획하고 제작하고 연출한 그대로 진행시키는 광고주가 있는데 중간 실무자 입장에서나 크리에이터 입장에서 얼마나 힘이 나는지 모른다. 사람과 사람이 일하는 것이다 보니 믿고 맡길 때 오히려 더 좋은 퍼포먼스가 나올 수 있다는 점을 꼭 생각해주길 바란다.

브랜디드 콘텐츠 외
크리에이터와 협업하는 또 다른 마케팅

내가 속한 샌드박스에서는 유튜브 인플루언서 마케팅 사업을 크게 다섯 가지로 구분한다. 브랜디드 콘텐츠, 영상 공급, 광고 모델, 각 종 용역, 라이선스가 그것이다. 이 책은 현재 유튜브 인플루언서 마 케팅의 대부분을 차지하는 브랜디드 콘텐츠 사업 내용을 중심으로 소개했는데, 점차 다른 사업 영역도 커지는 추세다. 그래서 이 장에 서는 크리에이터 채널에 게재되는 브랜디드 콘텐츠를 제외한 다른 사업 영역을 가볍게 소개하고자 한다.

마케팅을 위한
영상 공급 사업

앞서 몇 차례에 걸쳐 언급된 개념이지만 복습 차원에서 한 번만 더 설명하고 넘어가겠다. 영상 공급이란 크리에이터가 영상 제작을 한 후 자신의 채널을 제외한 영역에서 마케팅 용도로 사용될 수 있도록 저작권 또는 사용권과 함께 영상을 제공하는 방식을 말한다. 광고주의 공식 유튜브 채널에 영상을 올리는 것이 대표적이다. 크리에이터 영상을 광고주 채널에 올렸을 때 본래 크리에이터 채널에서 나오는 조회 수를 기대할 수는 없다는 단점이 있지만, 보통 이는 매체 광고를 통해 보완한다. 크리에이터의 여러 영상이 유기적으로 잘 편성되었다면 자체 채널의 구독자 증가도 기대해볼 만하다는 장점이 있고, 무엇보다 한 크리에이터와 여러 영상을 제작해서 올릴 수 있다는 점이 크리에이터 채널에 게재되는 브랜디드 콘텐츠와의 큰 차이다.

광고주 채널에 올리는 방식 외에 광고 소재를 공급받는 것도 영상 공급 사업에 속한다. 크리에이티브 디렉터적 성향을 갖고 있는 크리에이터에게 참신한 광고 영상 제작을 의뢰할 수도 있고, 워너비 성향을 갖고 있는 크리에이터에게 평소의 영상 제작 스타일을 살린 광고 제작을 의뢰할 수도 있다. 유튜브 인플루언서를 활용해 일반 유튜브 광고 소재를 확보하는 사례가 아직은 많지 않지만 곧 빠르게 늘어날 것으로 예상한다. 광고주는 유튜브형 광고 소재가 많이 필요하고, 크리에이터는 누구보다 영상 제작을 많이 고민하는 사람이니 분명 매체 광고를 집행하는 차원에서도 광고주와 크리에이터가 긴밀하게 협업할 수 있는 부분이 많다고 본다.

인지도를 활용한
광고 모델 기용

크리에이터의 기획력보다 이미지를 활용하고 싶을 때는 광고 모델 기용을 검토할 수 있다. 중요한 조건은 물론 크리에이터가 브랜드 소비자 타깃층에서 인지도가 높고 이미지가 좋아야 한다는 것이다. 과거 〈무한도전〉에서 유재석은 몰라도 도티는 안다는 초등학생의 이야기가 나왔던 것처럼 매체가 파편화된 오늘날에는 크리에이터도 연예인 못지않게 여러 브랜드의 광고 모델로서 활발히 활동하고 있다. 특히 TV 드라마나 예능 프로를 많이 보지 않는 시청층에게는 방송 연예인보다 유튜브 크리에이터의 인기가 더 높기에 충분히 모델로서 매력이 있다.

광고 모델로 크리에이터와 협업할 때 갖는 가장 큰 장점은 크리에이터의 적극적인 협조를 얻을 수 있다는 측면이다. 브랜디드 콘텐츠는 어떻게 영상을 풀어야 할지 몰라 제안을 거절하는 경우가 많지만 광고 모델은 거절하는 경우를 거의 보지 못했다. 아직까지 어떤 브랜드의 광고 모델이 된다는 것은 전 국민이 거의 아는 유명 연예인이나 할 수 있는 영역으로 생각하기에, 자신에게 광고 모델 제의가 들어오는 것 자체를 일종의 영광으로 여기는 경향도 있다. 또 본인의 채널이 아닌 다른 매체를 통해 자신을 노출하는 기회이기에 시청자 눈치를 볼 필요도 없어지고 오히려 시청자들이 함께 좋아해줄 것을 상상하기도 한다. 너무나 함께 협업하고 싶은 톱 크리에이터가 있는데 채널에 편성되는 브랜디드 콘텐츠와는 잘 맞지 않는다고 판단된다면 별도 제작팀과 광고 모델로 광고 소재를 제작하는 방법도 고려해보기 바란다.

팬덤과 재능을 활용한 오프라인 행사

크리에이터 채널에 영상을 올리지 않고 할 수 있는 또 다른 협업 중에 '각종 용역'이라 불리는 영역이 있다. 각종 용역이라 함은 크리에이터가 자신의 시간과 에너지를 들여 주어진 과업을 수행하는 것으로 행사 진행, 강의, 목소리 녹음, 노래 녹음 등이 있다. 크리에이터의 팬덤을 마케팅에 활용한다는 점에서 유튜브 인플루언서 마케팅의 한 지류이지만, 크리에이터의 영상 기획력이나 매체력을 활용하지 않기에 브랜디드 콘텐츠와는 구분되는 영역이다.

가장 흔한 사례가 바로 오프라인 행사 초대다. 기업이나 공공기관에서 이벤트를 진행할 때면 항상 모객이 고민인데, 유명 크리에이터를 초대하면 유명 연예인을 초대할 때보다 모객력이 좋을 수 있다. 크리에이터에 따라 다르겠지만 얼굴을 공개하는 다수의 크리에이터는 오프라인 공간에서 구독자들과 만나는 일을 즐기는 편이다. 그래서 이런 기회가 생겼을 때 자신의 유튜브 채널 또는 다른 소셜미디어 공간에 이를 알림으로써 구독자들이 발 빠르게 신청할 수 있도록 한다. 온라인이든 오프라인이든 사람을 모으고 싶을 때 크리에이터 팬덤을 활용하는 사례는 계속 증가할 것으로 전망된다.

물론, 모든 크리에이터가 다수의 청중을 상대로 행사 진행을 잘하지는 않는다. 이를 부담스러워하거나 거절하는 경우도 많이 있다. 주로 혼자 촬영하고 편집하는 크리에이터에게 다수의 팬들과 오프라인에서 소통하는 일은 한 번도 해보지 않은 낯선 경험이기 때문이다. 하지만 인지도를 높이고 싶은 크리에이터라면 언젠가 겪으면서 훈련해야 하는 영역이기에 소속사 입장에서도 많은 오프라인 경험을 제공하고자 한다. 무대 울렁증이 있다면 천천히 이를 극복시키려는 노력도 한다. 팬들과 다양한 접점을 마련해놓아야 한쪽에서 부침이 생기더라도 이를 극복해나갈 수 있기 때문이다. 샌드박스 창업자이자 대표 크리에이터인 도티도 쉼 없이 오래 채널을 운영하느라 피로와 스트레스가 심해졌을 때, 유튜브보다 방송 활동을 늘려가며 새로운 활동 영역을 개척한 바 있다. 그렇게 영상 제작자이자 채널 운영자로서의 부담을 내려놓게 되자 오히려 영상을 편안하게 제작할 수 있는 힘도 얻게 되었다.

목소리가 좋은 크리에이터는 성우로 섭외될 수도 있고, 노래를 잘하는 크리에이터는 OST 보컬로, 곡을 잘 만드는 크리에이터는 작곡자로 섭외될 수 있다. 크리에이터를 제작자나 매체로 보지 않고 재능을 가진 인간으로 바라보면 협업할 수 있는 지점이 무궁무진하며, 크리에이터도 이를 반긴다는 사실을 알리고 싶다.

협찬 외의
영상 사용권 구매

브랜디드 콘텐츠에 대한 광고주의 만족도가 매우 높아 이를 크리에이터 채널 밖으로도 널리 확산시키고 싶을 때가 있다. 이때 최초 브랜디드 콘텐츠 제작 비용과 별도로 구매하는 것이 영상에 대한 라이선스다.

라이선스 구매는 보통 세 가지 요소로 이뤄진다. 첫째, 구매 대상이 되는 저작물, 둘째, 라이선스 사용 기간, 셋째, 라이선스 활용 범위이다. 예를 들면 특정 영상을 3개월간 다섯 개 디지털 매체 한정으로 라이선스를 구매하는 것이다. 라이선스 비용과 관련해 시장 규칙이 있는 것은 아니지만 대개 기존 저작물의 제작 비용에 일정 비율을 곱해 가격을 매기거나 정액제로 안내하고 있다.

라이선스 구매의 장점은 브랜디드 콘텐츠 진행이 반드시 전제되는 사업 영역이 아니라는 점이다. 유튜브 영상은 TV와 달리 브랜드 노출에 대한 제약을 받지 않기에 협찬을 받지 않았는데도 평소 브랜드를 좋게 언급하거나 단순 노출되는 경우도 많다. 따라서 그중에는 브랜드 입장에서 널리 확산시키고 싶은 영상이 있을 수도 있다. 그런데 이때 크리에이터에게 알리지 않고 해당 영상을 갈무리해서 광고로 사용한다면 저작권 위반 소지가 있기에 반드시 크리에이터에게 알리고 이에 대한 사용권을 획득해야 한다. 크리에이터 입장에서 영상의 확산이 자신에게도 도움이 된다고 생각하면 굳이 라이선스 비용을 받지 않고 영상 사용을 허락하기도 한다. 물론 자신의 원치 않는 이미지 소비에 대한 부담이 있다면 거절하기도 하고 또는 일정 비용을 받고 승낙하는 경우도 있다.

세계적인 모바일 게임 제작사인 슈퍼셀의 경우 워낙 자사의 게임

으로 꾸준히 영상을 올리는 게임 크리에이터가 많다 보니 이미 올
라온 영상 중에 광고로 쓸 만한 영상이 있으면 그 영상 그대로 게임
앱 다운로드 프로모션에 활용하기도 한다. 크리에이터 입장에서는
자신의 영상이 홍보되며 조회 수도 올라가고 새로운 시청자가 유
입되어 구독자도 증가할 수 있기에 이를 거절하거나 비용을 요구
할 이유가 없다. 오히려 영상을 잘 만들어야 홍보 대상으로 선택될
테니 영상에 공을 더 들이기도 한다.

4부를 마치며

유튜브 인플루언서 마케팅을 통해 달성하고 싶은 성과의 방향성, 즉 조회 수를 많이 내는 것이 중요한지, 조회 수는 적더라도 정확한 정보 전달이 중요한지, 또는 구매 전환이 중요한지를 미리 결정해야 한다. 한 채널에서 세 가지를 다 실행할 수는 없다. 여러 채널을 섭외할 거라면 섭외군을 나눠서 각자 하나의 목표만 달성하도록 관리하는 쪽이 좋다. 그리고 마케팅 포인트를 전달하는 부분 외의 영상 영역은 최대한 자율권을 보장해주어야 크리에이터의 매력을 잘 살린 광고 영상이 나올 수 있다. 마지막으로 크리에이터와 협업하는 마케팅 방식에는 브랜디드 콘텐츠 외에도 다양한 것들이 있으므로 상황과 목적에 맞게 유연하게 적용하면 된다.

유튜브 인플루언서 마케팅은 이제 본격적으로 도입되고 있는 마케팅 기법이다. 따라서 당분간 시행착오가 많을 수밖에 없고, 그 과정에서 많은 실무자들이 업무상 많은 어려움을 겪으리라 예상한다. 하지만 당분간 이 마케팅 기법이 더욱 확대 적용될 것은 확실하다. 많은 시행착오를 겪을 수밖에 없지만 그 과정에서 실무자들이 전문성을 축적하고, 그 전문성이 마케터로서의 커리어 개발에 큰 도움이 되리라 확신한다. 아무쪼록 이 책이 유튜브 인플루언서 마케팅에 대한 전문성을 키우려는 실무자들에게 유용한 실질적 조언이 되었기를 바란다.

샌드박스의 미래와 함께 그려보는
앞으로의 유튜브와 크리에이터

책을 쓰면서 2020년을 맞았다. 첫 문장을 쓰기 시작한 때로부터 벌써 5개월이 지났다. 마치는 글의 첫 단락을 쓰는 지금은 토요일, 오늘도 저녁 설거지를 마치고 집 앞 카페에 나왔다. 밤 11시까지 운영하는 이 카페는 지난 5개월간 나의 서재와 같은 곳이었다. 집에도 글을 쓸 만한 곳은 있었으나 아이 둘의 얼굴이 눈앞에서 아른거리니 좀처럼 집중하기 어려웠다. 그러나 그것도 오늘로 끝이 난다.

끝을 앞두고 무엇으로 이야기를 맺으면 좋을까 오랫동안 고민했는데, 현재 내가 몸담고 있는 샌드박스가 바라보는 2020년 유튜브와 크리에이터 관련 사업을 이야기하면서 마무리하고자 한다. '마케팅'에서 나아가 더 넓은 의미에서 유튜브라는 플랫폼, 크리에이터라는 인플루언서를 활용하고 싶은 사람들에게 도움이 되리라 생각한다.

샌드박스는
뭐하는 회사인가요?

우선 샌드박스가 무엇을 하는 회사인지 이야기하는 것이 좋겠다. 이런 질문을 평소에도 많이 받는데, 그때마다 나는 이렇게 답하곤 했다.

"유튜브에 영상을 올리고 돈 버는 크리에이터, 들어보셨죠? 이분들도 연예인처럼 소속사가 필요하거든요. 샌드박스는 크리에이터 소속사입니다."

그러면 보통 다음과 같은 후속 질문이 들어온다.

"크리에이터한테 소속사가 꼭 필요한가요? 없어도 될 것 같은데요?"

그러면 다시 나는 이렇게 답한다.

"아무리 뛰어난 크리에이터라고 해도 크리에이터로 성장하고, 그들의 사업을 키워가는 과정에서 분명 혼자서는 하기 어려운 일을 맞닥뜨리게 됩니다. 크리에이터 소속사는 크리에이터의 부족한 부분을 채워주고, 크리에이터가 하고 싶은 일에 투자하는 역할을 합니다. 그로 인해 발생하는 사업적 성과를 나눔으로써 지속적으로 크리에이터에 투자할 수 있는 환경을 만들고 있습니다."

크리에이터의 역량이 저마다 다르기에 그들이 어려움을 느끼는 영역도 모두 다르다. 어떤 크리에이터는 새로운 콘텐츠 기획에 어려움을 느끼고 도움을 요청하는 한편, 어떤 크리에이터는 콘텐츠에 일절 관여하지 않기를 원한다. 어떤 크리에이터는 광고 협찬 문의가 들어왔을 때 광고주와 직접 이야기하는 것을 매우 불편하게 여기는 한편, 어떤 크리에이터는 직접 광고주와 협상하는 것을 선호한다. 어떤 크리에이터는 소속사에 자신의 캐릭터를 만들어 달라고 요청하는 한편, 어떤 크리에이터는 자신의 캐릭터를 스스로 디자인하길 원한다. 어떤 크리에이터는 책을 내고 싶은데 어디서부터 시작해야 할지 막막해 소속사의 도움을 원하는 한편, 어떤 크리에이터는 스스로 출판사와 미팅을 하며 알아서 책을 출간한다.

크리에이터들의 각기 다른 요구에 따라 최대한 만족할 만한 서비스를 제공하는 것이 샌드박스가 소속사로서 가장 우선시하는 일이다. 이것을 크게 두 가지로 크리에이터 개인과 채널의 영향력 성장을 돕는 채널 매니지먼트 서비스, 크리에이터의 사업적 소득 성장을 돕는 비즈니스 매니지먼트 서비스로 나눌 수 있다.

그런데 크리에이터 소속사 중에 채널 매니지먼트와 사업 매니지먼트를 동시에 하는 회사는 사실 많지 않다. 채널 매니지먼트를 하기 위해서는 크리에이터와 그들의 활동 기반이 되는 주요 플랫폼인 유튜브, 트위치, 아프리카TV, 틱톡, 인스타그램 등에 대한 깊은 이해가 필수적이다. 그만큼 오랜 지식과 경험이 축적되어야 하는 컨설팅 영역이다 보니 새로운 스타트업으로 도전하기 쉽지 않기 때문이다. 물론 연예기획사에서 연예인과 담당 매니저가 나와서 독립 회사를 차리는 것과 유사하게 기존 크리에이터 매니지먼트 회사에서 경험을 쌓고 자신이 담당하던 크리에이터와 함께 독립해서 사업을 하는, 일명 부티크 MCN의 형태는 종종 등장하고 있으나 당분간 큰 규모로 채널 매니지먼트 사업을 하는 스타트업은 나오기 쉽지 않으리라 예상한다.

반면에 채널 매니지먼트는 하지 않으면서 크리에이터에게 사업적 서비스를 제공하는 사업 매니지먼트 회사는 빠르게 늘고 있는 추세다. 크리에이터 자체를 키워내는 일은 어렵지만 이미 성장한 크리에이터가 가진 사업적 잠재력을 극대화하는 일은 사업 감각이 있는 사람이라면 충분히 도전해볼 만한 일이다. 크리에이터의 요구 사항이 저마다 다르다고는 했으나 어느 정도 공통적인 요구라 여겨지는 것 중에 아직 시장에 압도적인 서비스 공급자가 없는 경우라면 이는 분명한 사업 기회일 것이기 때문이다.

크리에이터와
무슨 사업을 할 수 있을까

생각나는 대로 적어보겠다. 편집자 채용을 도와주는 편집자 매칭 서비스, 영상 제작을 도와주는 제작 서비스, 외국어 자막을 붙여주는 자막 서비스, 굿즈 제작을 도와주는 디자인/제작 서비스, 크리에이터 후원을 도와주는 크라우드펀딩 및 멤버십 서비스, 협찬 광고를 도와주는 광고 매칭 서비스, 각종 행사나 촬영 등에 크리에이터 캐스팅을 도와주는 캐스팅 서비스, 크리에이터와 팬들의 만남을 도와주는 팬미팅 서비스, 국내 크리에이터 영상의 해외 판권을 대신 판매해주는 영상 판권 서비스, 크리에이터의 출판을 도와주는 출판 서비스, 크리에이터의 유료 강의 영상을 대신 기획하거나 제작해주는 교육 콘텐츠 개발 서비스 등 그 수만 해도 10가지 이상이다.

위에 열거한 것 중에 이미 여러 스타트업이 뛰어든 서비스 영역도 있고, 아직 이렇다 할 서비스 업체가 없는 영역도 있다. 분명한 것은 지금으로부터 1~2년이 지난 시점에는 크리에이터 입장에서 여러 가지 사업을 하고자 할 때 도움받을 수 있는 사업자가 매우 많아질 것이라는 사실이다. 그리고 크리에이터는 여러 사업자 가운데 자신을 가장 잘 이해하고, 성공적인 사업 이력을 갖고 있으며, 자신에게 유리한 조건을 제시하는 사업자를 선택할 것이다. 한 번 사업적 관계를 맺었다 하더라도 기존 연예 매니지먼트처럼 5년, 7년씩 계약하는 일은 매우 드물 것이고, 다수의 크리에이터는 언제든 사업 파트너를 바꿀 수 있는 유연한 관계를 원할 것이다.

크리에이터를 대상으로 한 사업 매니지먼트 영역은 진입 장벽이 낮은 만큼 구매 협상력이 낮다. 우리가 제공하는 서비스보다 경쟁력 있는 서비스를 제공하는 업체가 금방 나올 수 있고, 그에 따라 크리에이터도 쉽게 파트너를 옮길 수 있는 영역이다. 계약 기간에 따른 구속력이 어느 정도는 존재하겠지만 장기적으로는 그야말로 서비스의 품질로 승부해야 하는 무한 경쟁의 판이라 볼 수 있다. 선택의 키는 크리에이터가 쥐고 있고, 다수의 서비스 제공 사업자들은 저마다 자신들의 강점을 돋보이게 하기 위해 애쓸 것이다.

크리에이터와 할 수 있는 사업 분야가 확대되는 것은 크리에이터 소속사로서 분명 반가운 일이지만 한편으로는 사업 역량이 개별 사업 서비스 제공 업체에 밀리게 되면 자칫 소속사로서의 관계마저 흔들리지 않을까 우려하는 것도 사실이다. 현재 크리에이터 입장에서는 샌드박스가 자신을 가장 잘 이해해주고, 채널의 성장과 사업 성장을 동시에 돕는다는 측면에서 신뢰 관계에 있다고 해도, 사업의 성장을 극대화하고자 한다면 사업적 역량이 더 뛰어난 파트너를 찾아 떠나게 될 수도 있기 때문이다. 그래서 앞으로의 샌드박스는 크리에이터가 느끼기에 채널 성장을 위한 지원 역량 외에 사업적으로 가장 뛰어난 지원 역량을 발휘하기 위해 무엇을 해야 하는지에 대한 고민이 크다.

광고, 커머스,
콘텐츠, 글로벌…

현재 샌드박스는 크리에이터 대상의 사업 서비스 영역을 크게 네 가지로 나누어 관리하고 있다. 광고 사업, 커머스 사업, 콘텐츠 사업, 글로벌 사업이다. 광고 사업은 크리에이터를 브랜드와 연결하고, 커머스 사업은 크리에이터와 제품을, 콘텐츠 사업은 크리에이터와 또 다른 콘텐츠 형태를, 글로벌 사업은 크리에이터와 해외 시청자를 연결하는 일이다. 공통된 본질은 크리에이터를 새로운 사업 기회와 연결한다는 점이다.

네 가지 사업 영역이라 했지만, 이 안에서 또 수십 가지의 개별 사업으로 나누어진다. 광고 사업 안에는 브랜디드 콘텐츠, PPL, 광고 모델, 이벤트/행사 섭외, 광고 소재 제작, 광고 매체 운영, 브랜드 유튜브 채널 운영 등이 포함되어 있다. 커머스 사업 안에는 굿즈 제작, 기성 제품에 크리에이터 브랜딩을 입히는 라이선스, 자체 브랜드PB 개발 그리고 이 모든 것의 유통 및 마케팅 사업이 포함되어 있다. 또, 콘텐츠 사업은 출판, 케이블TV/IPTV 방영, 디지털 OTT 제휴, 신규 오리지널 제작, 이모티콘, 공연, 교육 콘텐츠 등을 포함한다. 마지막으로 글로벌 사업 안에는 자막 지원, 해외 콘텐츠 제작, 해외 유통, 해외 공연 등이 포함되어 있다.

앞서 이야기했듯 이 모든 것을 업계 최고 수준의 서비스로 제공하기란 불가능에 가깝다. 따라서 샌드박스는 크리에이터와 콘텐츠 그리고 시청자에 대한 포괄적 이해가 필수적인 사업 영역에서는 무조건적인 경쟁 우위를 가져가기 위해 자체 역량을 집중하고 개발하고자 노력하고 있다. 그런 맥락에서 이 책의 주제이기도 한 유튜브 인플루언서 마케팅은 책 한 권을 할애해 설명할 만큼 크리에이터에 대한 이해가 필수이기에 샌드박스의 핵심 역량으로 꾸준히 가져갈 예정이다.

반면 크리에이터에 대한 이해가 다소 부족하더라도 쉽게 사업화할 수 있는 사업 영역에 대해서는 제휴 중심으로 가면서 자체 역량 개발 가능성을 시간을 두고 검토하려 한다. 구체적으로 이야기하자면 출판 사업은 아동 쪽을 제외하고 아직 크리에이터가 판을 흔들만큼의 영향력을 갖고 있는지 미지수이기에 역량 내재화를 고민하고 있다. 해외 콘텐츠 제작 사업은 많은 크리에이터들이 국내 시장이 좁다고 느끼고 해외로 영향력을 확대하려는 상황이지만, 샌드박스가 해외 사업 인프라를 아직 구축하고 있지 못하다 보니 외국의 사업자와 제휴하는 쪽으로 초기 방향을 잡았다.

결국 중요한 것은
건강한 생태계

시작하는 글에서 밝혔다시피 유튜브 크리에이터를 중심으로 한 1인
미디어의 산업화가 시작된 2015년으로부터 약 5년이 지났다. 지난
5년은 직업으로서의 크리에이터 가능성이 확인되고, 사업으로서의
크리에이터 매니지먼트 영역이 가능성을 인정받은 시기였다. 이제
는 개인이 자신의 재능을 영상으로 표현하고, 그것으로 형성된 팬
덤을 기반으로 하여 자기 주도적인 사업을 지속할 수 있도록 건강
한 산업 생태계를 구축하는 것이 필요하리라 본다. 이를테면 가짜
뉴스를 비롯한 유해 콘텐츠 관리, 소비자를 기만할 수 있는 과장 및
허위 광고 규제, 품질이 떨어지는 크리에이터 PB 상품에 대한 관리
등이 될 수 있을 것이다. 또 제대로 쉬지도 못하고 창작 활동을 수
년째 이어온 크리에이터의 정신적·육체적 건강, 크리에이터가 창
작 활동을 잠시 중단하거나 은퇴했을 때의 커리어 전환 및 관리, 유
튜브를 비롯한 플랫폼 광고 및 후원 수익에 지나치게 의존적인 수
입 구조 등도 앞으로 고민하고 해결해야 할 숙제이다.

이에 발맞춰 샌드박스 역시 소속사로서의 역할을 넘어, 보다 건강한 크리에이터 산업 생태계를 만들어가는 일원으로 역할을 다하고자 한다. 창업한 지 만 5년, 그동안 쌓은 역량을 바탕으로 샌드박스 소속이 아닌 크리에이터에게도 광고 사업과 같은 기능은 보편적 서비스로 제공할 때가 왔다고 판단하고 있다. '소속'이라는 이름으로 담을 쌓기보다 소속 크리에이터를 지원하면서 얻은 경험을 바탕으로 전체 산업을 키우기 위해 먼저 도움의 손을 내미는 사업자가 되고자 하는 것이다. 누구보다 앞서 건전하고 유익하고 유쾌한 콘텐츠를 만드는 데 앞장서며, 크리에이터 활동이 한철 장사처럼 돈을 쓸어 담고 빠지는 일이 아니라 장기적인 직업 활동으로 가능한 판을 만드는 데 앞장설 것이다.

여기까지 쓰고 보니 자문하게 된다. 앞으로 당신은 무엇을 하고 싶습니까? 어릴 적부터 엔터테인먼트업에 대한 막연한 동경이 있었으나, 맨 처음 콘택트렌즈 관련 영업을 할 때는 지금의 일을 하고 있을 거라 예상하지 못했다. 돌고 돌아 엔터테인먼트 산업에 들어온 이상 생각했던 일들을 모두 펼치고 싶다. 아마 앞으로 5년은 '재능 투자'라는 키워드로 만들어질 것 같다. 좋은 재능을 발견하고 육성하는 데, 그리고 그 재능을 널리 알리고 나아가 사업화하는 데 내가 가진 역량을 모두 투자하는 것이 현재 나에게 가장 어울리고 또

마치며 샌드박스의 미래와 함께 그려보는 앞으로의 유튜브와 크리에이터

잘할 수 있는 일이라 생각하기 때문이다. 인플루언서 마케팅은 이 '투자 여정'의 첫걸음이었다. 지난 여정을 책으로 담아내는 과정이 기대 이상으로 즐거웠던 만큼, 다음에도 나의 여정을 이야기할 수 있는 기회가 또 주어지길 조심스럽게 바라본다. 나의 이야기를 많은 사람과 나눌 수 있는 기회가 다시 한 번 온다면 더할 나위 없이 기쁠 것이다.

마지막으로 고마운 사람들은 언급하고 싶다. 내 이야기를 들려줄 소중한 기회를 연결해주신 (주)그럼에도 김대익 대표님, 책을 처음 집필하는 내게 용기와 응원을 보내주신 (주)도서출판 길벗의 김세원 팀장님께 감사의 말씀을 전한다. 또 주말에 집중해서 책을 쓸 수 있도록 배려해준 아내, 더 많이 놀아주지 못한 두 아이들에게는 고마움과 미안함을 같이 전한다.

실무 고충을 최대한 생생하게 담고자 진행한 인터뷰에 서면 및 대면으로 응해준 샌드박스 직원분들(전유진 님, 임세희 님, 이상은 님, 서혜지 님, 강한범 님, 박전혜 님)을 비롯해 많은 실무 사례를 들려주며 영감을 준 광고 사업팀과 크리에이터 파트너십팀에도 깊은 감사를 드린다. 유튜브 크리에이터 산업 성장기에 나를 유튜브 파트너십팀으로 불러주어 이 모든 경험을 할 수 있도록 기회를 주신 서황욱 님께도 진심을 가득 담아 감사의 인사를 전한다. 응원해준 친구 및 지인들에게도 이 자리를 빌어 고마운 마음을 전한다. 무엇보다 부족한 글을 마지막 단락까지 읽어준 모든 독자들에게 진심으로 감사의 말씀을 전한다.

마치며 샌드박스의 미래와 함께 그려보는 앞으로의 유튜브와 크리에이터